蔡国庆

墨色至美

Aesthetic Delights

我 的 收 藏 主 义

著

中国青年出版社

图书在版编目（CIP）数据

墨色至美：我的收藏主义 / 蔡国庆著. — 北京：中国青年出版社，
2023.3
ISBN 978-7-5153-6817-7

Ⅰ.①墨… Ⅱ.①蔡… Ⅲ.①收藏 – 中国 – 文集Ⅳ.①G262-53

中国版本图书馆CIP数据核字（2022）第204371号

责任编辑：李　茹
文字统筹：孙冉冉
书籍设计：瞿中华

出版发行：中国青年出版社
社　　址：北京市东城区东四十二条21号
网　　址：www.cyp.com.cn
编辑中心：010-57350508
营销中心：010-57350370
经　　销：新华书店
印　　刷：北京雅昌艺术印刷有限公司
规　　格：880×1230mm　1/16
印　　张：16
字　　数：138千字
版　　次：2023年3月北京第1版
印　　次：2023年3月北京第1次印刷
定　　价：188.00元

本图书如有印装质量问题，请凭购书发票与质检部联系调换
联系电话：010-57350337

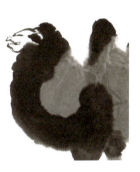

目录

前言

Aesthetic

Delights

爱的礼赠

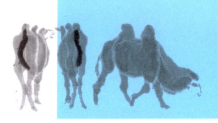

美在其中

余新曲題

收藏 『美』 一幅画

毫无疑问，收藏是一生之事。

时光荏苒，距离上一本我的藏美心得《龙骧：蔡国庆的收藏主义》问世，已经过去了七年。很多朋友因为那本书，了解了我的藏家身份，认可了我的收藏理念。

收藏是很个人的事情，但事实上，人类的文明却在不断"收藏"的过程中，薪火相传，永载史册。收藏最终的目的，是让我们与文化一起远行。

如果说《龙骧》是我个人收藏主张的凝练，那么是时候与大家聊聊我对收藏"美"的理解了。

什么是美？很难给出一个标准答案。

德国哲学家康德曾说："美是一种无目的的快乐。"这句话不是很容易懂。但我深信，作为一名不断寻美的收藏者，最先得到的便是快乐。随着学习与精研，美的"目标"也清晰可见——可被收藏之"美"，是具备共性的。

对我而言，美，就是感悟自然的馈赠，珍惜生命中的遇见。

如果将心灵比作生命的"调色板"，那么美，就是滋养生命的颜料。能够发现时空所凝聚的美的造物，珍藏它们的这一段历史，是生命予我莫大的喜悦。

与范迪安先生留影

世间攘攘，繁华万千，总需要一束光指引心灵的道路。之于我，心底那束光就叫作"美"。每当遇到选择，我从未有迷茫之感，因为我清楚地知道自己对于美持有明确的坚持。

首先，是对"美"的标准的坚持。

我对传统文化的痴迷与热爱无需多言，同样令我沉醉的，还有独特的中国美学。水墨就是中国美学与传统文化的完美载体。一支平淡无奇的毛笔，一砚清墨，三尺素宣，仅凭焦、浓、重、淡、清，便生出丰富的变化，绘尽天下绝美景色，写尽世间百态人生。如此非凡极致的东方审美，怎能不触发人心底最深层的共鸣！不仅仅是中国人，全世界爱美之人的情感在此刻都会相通！

于是，我的"收藏天地"中，水墨顺理成章地占有重要一席。而水墨精神也成为我审美的基石，给了我看待世界上更多可收藏之"美"的滤镜。

其次，是收藏必收藏"美"的坚持。

中国的水墨精神，既是写意之精神，更是生命之精神。中国的水墨气象，既是自然的气象，更是人文的气象。不同于对瓷器工艺精益求精的追求，水墨画更讲求与艺术家内心的共情。

要收藏就必须收藏自己能够共情且发自内心认同的"美"！这无关他人喜好，也无关市场起落。

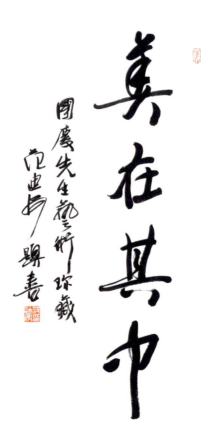

正因如此，我收藏的每一幅画，其表达都是直通我内心的。吴作人先生笔下的万丈光芒，白石老人的纯真"天趣"，林风眠笔下的耀眼斑斓，吴冠中笔下的静谧苇塘……哪怕是几百年前的画作，画中溢出的人文精神仍可以深深打动我，甚至引我进入创作者多姿的内心世界。

美在其中

国庆先生雅正艺术珍藏 范迪安 题书

中国美术家协会主席、中央美术学院院长
范迪安先生题写

与靳尚谊先生留影

在艺术品与艺术家"交互"的过程中，我也意识到，艺术家往往是具有超越时代的审美认知能力的。"笔墨当随时代"，艺术家就是时代之美的引领者。收藏家则是发现引领者的人。藏家通过"收藏"这一过程，不断探究艺术家笔下的时代精神和人文气息，做艺术家"美"的知音。

我常说，收藏是一种艺术的修行。这就意味着，收藏的"果"不单单是物质的所得。当收藏只是一次购买行为，或许是可以试错的，但倘若你已将收藏的认知上升到"心"的高度，那便不容出错！因为对美的本真的追求是没有机会试错的。

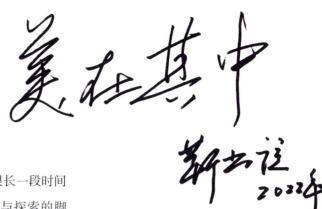

要坚定自己的美学目标，哪怕很长一段时间都没有藏品斩获，对美的追求与探索的脚步不会停止，因为你清楚地知道，自己在寻找的是能够真正走进内心的美。有了对"美"的坚持，便永远怀揣期待，永远不会迷失在潮流之中。而挂在家中的每一幅画，仔细品读的每一件作品，也将是一次又一次对自己审美的笃定。

在不断探索美的过程中，你会发现，精于审美之人，往往有清逸之格。

中国美术家协会名誉主席、原中央美术学院院长
靳尚谊先生题写

一个人的品格，和心性修养有莫大的关系。文房器物于俗子而言，只是日用之器，但对心怀情趣之人来说，却是艺文之余漱洗尘心、尚友先贤的真善之物，乃至时时盘桓，成为文人案头一生的清客。一笔一墨，见出天地生息；一瓶一炉，可作生命清供。世相大美，都是源自心底那抹清亮之光。

与吴为山先生留影

诚然，收藏一件名家的艺术品往往花销不菲，但收藏家要清楚，艺术品是最无价的名牌。它彰显着你对美的理解，对生活的领悟，对世界的探索，对价值的认知。《墨色至美：我的收藏主义》，便是从我个人的收藏角度，用一个个不乏温情的收藏故事，作为我这一人生阶段对于美的认知的剖白。

感谢余秋雨先生在看过我对美学、对水墨、对收藏的感悟后，写下了这样一句话："此生匆匆仅一事，寻得大美藏衣袖，分发四周。"

中国美术馆馆长
吴为山先生题写

我想分享这一刻我对于中国美学"墨分五色"的理解——每一篇真意盎然的文字，都在视觉上做了特别处理，以色彩共鸣，意在画外，而心在其中。

《墨色至美：我的收藏主义》期待大家鉴赏我所珍藏的艺术品，一起分享对美的默契。这里不仅有养眼养心的水墨经典，更有父子间的传承期望，有兄弟间的默契关爱，有夫妻间的相知相守，更有对美好世界的孜孜不倦。

无论在这本书中你读出了什么，只期望有更多朋友能够收获美，感知美，如我一样，美在其中，寻得艺术照进心底后留下的一束不灭的光。

AEST

开篇

收藏的力量，

让我领略了"画外之意"，

更有机缘

可以"美在其中"。

我的
"收藏天地"

我是一个天生爱美，乐于追求美的人。我深知这是一种幸运，当然这也需要很多的机缘。更幸运的是，我一直生活在美的环境中。

叔本华说："艺术不是某种附加给世界的东西，它本身就是世界。"

儿时懵懵懂懂的对美的记忆，便是源自陶然亭附近中央芭蕾舞团那个大院里，叔叔阿姨们那令人瞩目的气质与身姿。他们不仅仅拥有美丽的容颜、曼妙的舞姿，也有拉起小提琴时的优雅、自我表达时的从容……那时我只觉得眼前的一切都是"美的"，是我喜欢的。

随着阅历的增长，我才意识到，这是一种幸运，可以出生在那样的一个院落，在一个被美环抱的氛围中长大。著名美学家朱光潜先生认为，"美起于形象的直觉"，毋庸置疑，我对美的概念最初的萌芽，正是基于这样一个院落，虽然是一种直觉和与生俱来的天性，但是它让我意识到，美是一种状态，或者说是一种日常。

后来，因为工作的关系，我去过世界上很多的国家，见识到了各种各样的美好，对于美的感知力也变得更加丰富，更加多元。这也指引我看到美背后的成因其实是文化。

最令我感到骄傲的是，虽然见识了异国之美的绚烂多彩，也对其背后的文化略有了解、学习，但越是看得多、懂得多，便越能感受到我们中华之美以及中国文化的博大精深。

如果说美是一种与生俱来的感知能力，那么对于文化的认知就需要付出更多的学习与实践。据此，才开启了我的收藏天地。

或许有人知道，我收藏了一些中国艺术品。随着《龙骧：蔡国庆的收藏主义》一书的出版，不仅让更多人知道了我的这份钟爱，甚至还引来朋友的抬爱，称我是"很棒的收藏家"。

我知道，要成为一位合格的收藏家，不仅仅需要热爱文化艺术，拥有一定的经济实力，更要具备一定的审美感知力以及对传统文化精神层面的追求。

在我接触的很多优秀的收藏家看来，收藏是一种物质与精神层面的双重收获，而精神层面带来的美好，往往是只可意会不可言说的。

就像同样一件艺术作品，在不同的环境、不同的心境之下，带给你的感受往往不尽相同。作品还是那件作品，但是带给你的感受却可以变化，常看常新，这就是艺术的魅力，是属于精神层面的。

收藏同样如此。收藏本身就是一种文化。好的收藏可以引发你对美的探求与对文化的共鸣。

对我而言，收藏并没有所谓的"差别心"。一件造型灵动、工艺精巧的黄花梨家具自然会受到追捧，但不起眼的柴木家具同样可以因为匠人的精工细作而焕发光彩。材质的优劣诚然重要，但更为重要的是能够展现出人的巧思与匠心，是一种自然而然流淌出的美。如果财力允许，能将优等选材与审美情趣相融合，更是大大的美事。

就比如我喜爱的中国艺术品，无论是瓷器、书画还是家具，重要的并不是它们隶属于什么样的艺术门类，也不管它们是不是市场上的"天价明星""价值洼地"，重要的是能否引发我的情感共鸣，让我感受到来自血脉中对于中国传统文化那种天然的情愫。

所以，我的收藏从类别上是很丰富的，它们都诉说并记录下了我不同人生阶段对美的认知与感受。

收藏天地

吴作人

我意识到，我收藏的是美，是文化，是无界的精神天地。

很多熟悉我的朋友都知道我对吴作人先生的喜爱。没想到，先生的一件作品，竟然"肯定"了我对于收藏的认知。

2020年秋的一次拍卖会上，我偶然购得了吴作人先生的一幅墨宝。第一次看到这件作品，我便知道，这是先生"为我准备的"，上面正书写着"收藏天地"四个大字。

提及吴作人先生的作品，你可能想到的是他笔下生动悠游的金鱼，是憨态可掬的熊猫，是坚韧憨实的骆驼，是生机盎然的芍药……这些都是我的心头好，但在希望为我的收藏之旅交出阶段性答卷的时刻，让我"偶遇"了先生这样壮美的书法作品，不能说不是一种缘分。或许是吴先生知道我那么喜爱他的艺术，为我送来了这四个字，准确地表达出我的心意。

吴作人先生曾言"中国画的特点在于意在言外"。收藏的力量，让我领略了"画外之意"，更有机缘可以"美在其中"。

虽然平时很忙碌，但是这本书却一直都是我心心念念着要完成的"任务"。我希望可以通过这样一本书，与更多的朋友分享我喜爱的艺术作品，共享我的收藏之好，同时能够为大家展示一方属于中国传统文化的收藏天地。

当然，收藏艺术品在一定程度上，是有较高专业门槛的，不仅需要一定的文化认知，更需要足够的经济实力。即便如此，这些却不妨碍我们感受其背后更为广阔的天地，在这里你可以仰望大师之作，领略浩渺星空，感受艺术之美，感知文化的力量。

有趣的是，哪怕将"收藏天地"浓缩为一种狭义的具象概念，同样是一份值得玩味的提点。

于是，我的家就是我的"收藏天地"。没有刻意地展示，这些文化的载体，就这样和谐地与我的生活融为一体，更潜移默化地影响着我的孩子们，让他们把美视为生活中的一部分。

这同样是美，是艺术，是收藏，是文化的力量。

有那么多的朋友，因为我的歌声而与我产生了审美共鸣，进而了解了我的心性品格以及对美的执着。如今，我同样怀抱着这份赤诚之心，分享之心，将我的收藏天地展于眼前。对我而言，这方天地同样是可爱的、纯粹的，是坦然于生活的。

正如丰子恺先生所说，"我们唯有在艺术中，用至净的眼光来欣赏艺术的时候，我们的心境豁然开朗，天真烂漫"。沉浸其中，希望也能为你带来一份因美而生的感动。

我喜欢把购藏的艺术品安置在我真实的生活环境中。案头的明清官窑，墙上白石老人的经典之作，或是一张柴木小桌，都是我生活天地中的一分子。它们就安安静静地陪伴在我和家人周围，有意无意间，传递着自己的韵味。

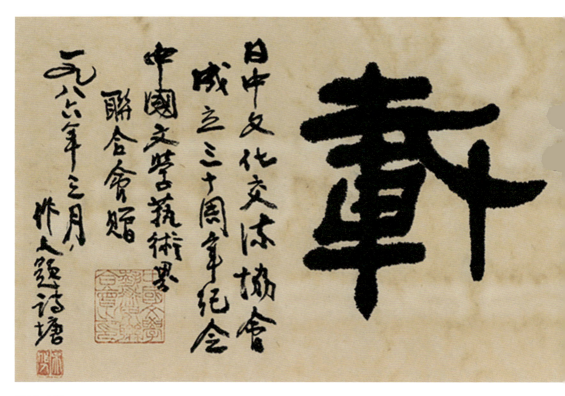

日中文化交流協会
成立三十周年纪念
中國文學藝術界
聯合會贈
一九八六年三月
作人題詩塘

情谊千载

吴作人

一九八六年三月

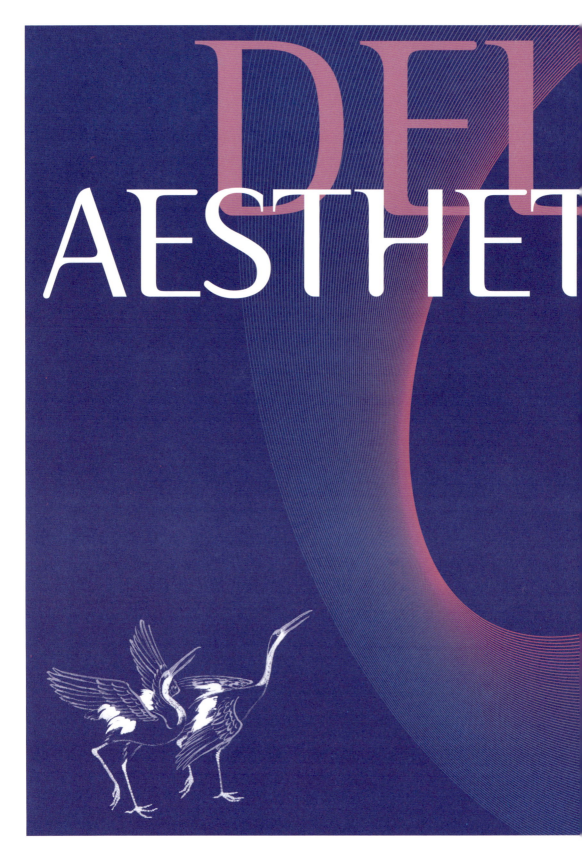

GHTS

C

爱 的礼赠

以画传情，
也是我们家庭中
一种爱的延续。

吴作人《长风》
封面骄傲

在艺术拍卖市场中，有一条不成文的"暗规则"，登上拍卖公司图录封面的拍品，必是该场次甚至当季拍卖的重中之重。能够购藏到封面拍品的收藏家往往被称为"封面先生"，佐证着藏家的眼光与实力。

"鹰击长空，鱼翔浅底，万类霜天竞自由。"自古以来，中国的文人墨客对鹰偏爱有加。古有宋徽宗、李迪、八大山人，近代有徐悲鸿、齐白石、潘天寿、李苦禅……都是画鹰高手。

受到恩师徐悲鸿的影响，吴作人先生画鹰，也是"融贯中西"，既有传统中国画的写意简练，也不失西画的写实准确，成为其经典代表作之一。

在艺术市场中，吴作人笔下的雄鹰同样受到藏家的追捧，屡屡创下佳绩。2013年春，国内某知名拍卖公司成立八周年之际，一张吴作人创作于1981年的名为《长风》的鹰画，就登上了当场封面，成为全场瞩目的焦点。对吴老艺术情有独钟的我，自然也不能错失这样的机会。

吴作人的鹰画一般可概括为两类，一类为静态的鹰，一类为在天空翱翔的飞鹰。这幅《长风》在构图的格式上与徐悲鸿的"飞扬跋扈为谁雄"系列极为近似，不同的是，吴作人多以两只雄鹰并置，且在画面下幅表现出的空间感更加广袤原野，可见二人尽管在艺术上殊途同归，却孕育着不同的情感张力。既是师承，亦是创新。

艺术市场中本就卧虎藏龙，封面作品又是"必争之地"，对于这张《长风》的竞争之激烈可想而知。多年的拍场经验告诉我，能够遇上心仪的藏品本就是一种机缘，更何况这种封面级别的作品更是可遇而不可求，这时就需要一种果决笃定的态度，才能将心头所好收入囊中。

最终，《长风》成为我人生中拍得的第一件封面作品。如今，这件作品仍旧挂在家中客厅正面的壁炉之上。证明其"封面身份"的那本图录则一直摆在我的床头。我也因此品尝到了来自其他藏家口中的所谓"封面骄傲"。

长风

吴作人

辛酉年

画面中，双鹰在高空展翅飞翔，前方之鹰羽翅展开，御风而行，目光凛凛，傲视苍穹，充满激情；后方之鹰向反方向飞去，渐行渐远，令人对无限的空间充满遐想。画幅上方的大片留白使雄鹰的形象愈加突出，下方以氤氲淡墨画出重重山峦，只见山头，山间雾霭弥漫，可见是以上空雄鹰的视角来表现群山，群山俱收眼底。鹰的造型准确而生动，羽毛用几块厚重的墨块画出，虚实相间，用笔多样，每一笔都极为肯定和娴熟，重点表现其动势，眼与嘴以重墨画出，一点藤黄愈发表现出眼神的凌厉。吴作人之鹰具有丰富的象征性意味，其综合了鹰、鸷、雕几种凶猛型禽鸟的特点，创造出具有鲜明风格特征的鹰之形象，从此作中可见一斑。整幅形神俱佳，笔墨浑厚苍劲，为吴作人画鹰作品中的一件佳构。

在吴作人的鹰画中，一类为静态的鹰，一类为在天空翱翔的飞鹰，如《鹰击长空》，以及本幅《长风》，后者在构图的格式上与徐悲鸿的"飞扬跋扈为谁雄"系列近似，不同的是，吴作人多以两只雄鹰并置，且在画面下幅表现出空间感明显的广袤原野，可见二人尽管在艺术上殊途同归，却孕育着不同的情感张力。

玄鹄，意思为黑天鹅。《双玄鹄》是1990年收藏的。以前我不信有黑天鹅，收藏这幅作品几年后，我随国家艺术团出访澳大利亚才第一次见到真的黑天鹅。这也是我收藏的第一张吴作人先生的精品大作。

双玄鹄
吴作人
一九六三癸卯

玄鹄

吴作人

一九七七年

英国女王访华时中国赠送的国礼是一代绘画大师吴作人先生所绘的中国水墨画——熊猫。此画甚得女王欢心并珍藏宫中！

双象
吴作人
一九八〇年庚申

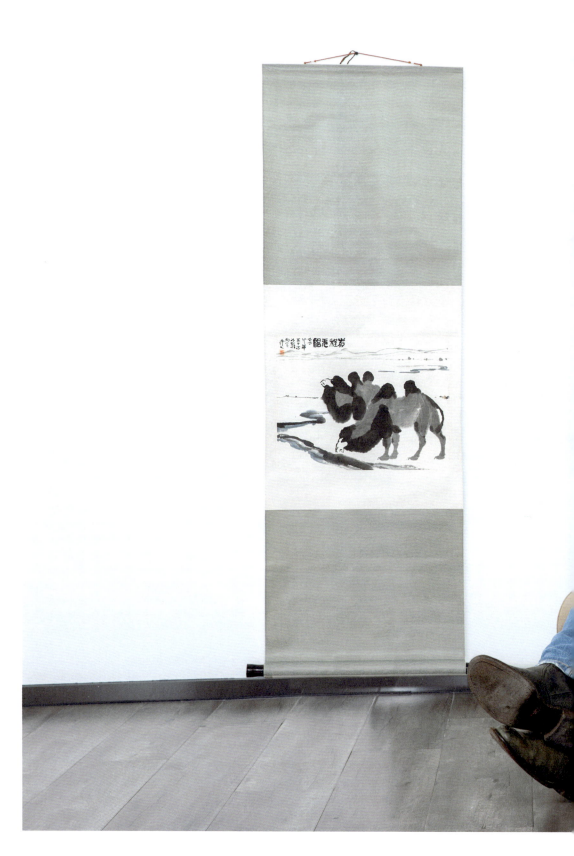

前程无限

吴作人
丙寅年

踏穿戈壁路千程 指看明朝万顷碧

吴作人

一九六〇年

齐奋进

吴作人

一九八二年

吴作人
一九八一年

看了三位油画家的技法，均臻造形艺术之上乘，但又各尽其妙，适说明画无定法，各家自有其法。

初习油画者不可无基础煅练，是任何技术之最根本要求。

长期实践加上艺术修养，深入生活，博收广蓄探索日久，自能蕴成面目。为艺者不可不洞此理。

一九八一年十一月五日

吴作人跋

看了之后，油画家的技法……技术之上乘，但又……道话……

掌法……自有……

习画者……基础，

锻炼……技术之……

安乐。长期实践，加上……

……传统……

……自然……面目。为

艺者不可不……此理。

一九八二年十一月
张仃

吴作人
"光芒万丈"是国庆

人们常说，拍卖场是英雄地。需要的不仅是独到的眼光，雄厚的财力，更需要一种志在必得的信念。

如果说拍场是藏家的必争之地，拍卖预展就是寻觅"战利品"的绝佳去处。2017国内知名拍卖公司的春季预展上，我就"遭遇"了一件志在必得的艺术品。

那是吴作人先生的一幅画。画面中间，喷薄而出的红日，照耀着一树丰茂的松枝，一只灵动神武的仙鹤腾空而起，位于画面的最上方。画作题识"光芒万丈。一九六四年国庆。作人。"

人们常说，拍卖场是英雄地。需要的不仅是独到的眼光，雄厚的财力，更需要一种志在必得的信念。

如果说拍场是藏家的必争之地，拍卖预展就是寻觅"战利品"的绝佳去处。2017国内知名拍卖公司的春季预展上，我就"遭遇"了一件志在必得的艺术品。

那是吴作人先生的一幅画。画面中间，喷薄而出的红日，照耀着一树丰茂的松枝，一只灵动神武的仙鹤腾空而起，位于画面的最上方。画作题识"光芒万丈。一九六四年国庆。作人。"

后来我跟家人讲起初次看到这幅画的感觉，就是"有点头晕""好像就是为我画的"……经过研究，原来这是吴作人先生为《中国体育报》而专门创作的。

《中国体育报》创刊于1958年，是全国唯一以体育新闻报道为主的日报。在时任编辑的推动下，吴作人、叶浅予、黄胄、丰子恺等多位著名画家都曾为《中国体育报》供稿，或是赛场速写，或是精心创作的生活场景。而这件《光芒万丈》就是由《中国体育报》创刊老报人保存至今的作品之一。

在家人的帮助下，我还找到了相应的历史资料作为佐证。1964年10月1日国庆日当天的《中国体育报》上，就刊登着这幅作品。

如今回想起当时在拍场上竞价的过程，已经不甚清晰，只记得那种志在必得的冲劲儿。虽然事后想想，可能是我这个"国庆"对"国庆"的喜爱之情，早已经"暴露"在有心人的眼中，或许还因此而多加了"几口儿"，但拍场就是瞬息万变，槌起槌落间，成就了这张画的价格，更书写了一段新的历史，也将成为我收藏人生的特别记录吧！

一九六四年十月一日《中国体育报》

光芒万丈
吴作人
一九六四年

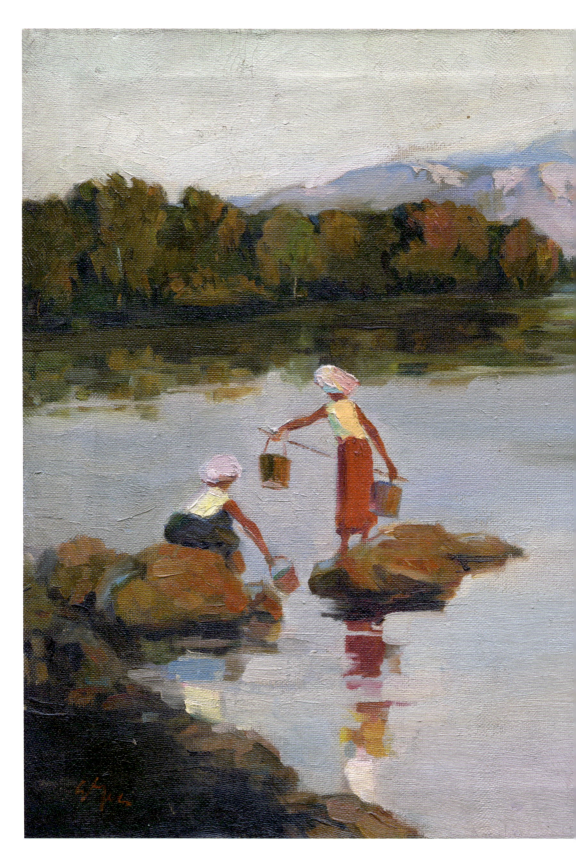

铁铮教授三月美返，为写此存会。

铁公好鱼，嫌三金鲫不足，突来辟草，为之讶然。

吴作人

一九七八年

铁铮友授三月美返
為老臥居念
铁以好鱼孃三坐卿下
坐室来脱著十為之
详然
可去年
萧淑芳画蓮
作於八大山人

大漠低昂

吴作人

梅花香自苦寒来

吴作人

"梅花香自苦寒来"，在传统文化中，梅花常常是性格坚韧，品行高洁的象征。这也是长久以来，艺术家们孜孜以求的精神境界。

收藏由对美的追求出发，最终往往通向的是与自身学养、经历、情趣相关的专题方向。我的工作经历同样影响着我的收藏方向。

在中国的戏剧表演艺术界，"梅花奖"是毋庸置疑的最高奖项。当获奖者捧起象征最高荣誉的"红梅图"瓷盘时，激动的心情可以想见。所谓"梅花香自苦寒来"，这幅意在鼓励戏剧工作者意志坚韧、德艺双馨的图画，就出自吴作人先生之手。

"梅花奖"的发起人之一，时任中国剧协书记处书记、《中国戏剧》杂志主编霍大寿先生，曾在1997年的《中国戏剧》杂志上，专门撰文《吴作人大师为梅花奖画红梅》一文，详细讲述了吴作人先生与戏剧艺术的"梅花"情缘。

霍大寿先生回忆到，"吴作人平易近人，但求画者实在太多了"，为了不顾此失彼，吴作人先生会认真地把所有求画者的需求都记录下来，"日积月累，密密麻麻的'账本'累积案头"。尽管吴作人先生与霍大寿先生是"亲戚关系"，但最终霍先生成功"插队"获得吴作人先生优先创作的殊荣，凭借的是田汉等老一辈戏剧艺术家的执着——"田汉二字一下子把老画家的心弦拨动了……"，吴作人先生是"先认识田汉，后才认识悲鸿先生的"。正是基于对田汉先生这样的戏剧工作者的认知，吴作人笔下才生动地描绘出"香自苦寒来"的红梅品格。

吴作人先生的《红梅图》已经成为"梅花奖"的标志性符号，这段难能可贵的梅花情缘也被这张画作铭记。

或许是与吴作人先生的"特殊缘分"，或者是对于梅花品格的认同，这幅《红梅图》原作竟成为我的重要收藏。

画作上，题写着"为戏剧报梅花奖获得者而作"的款识，见证了梅花奖的发展历程，也展现出艺术家对于戏剧艺术工作者的礼赞。

《红梅图》无疑是特别的，它见证了近现代中国戏剧的辉煌征途，是注定载入史册的作品。

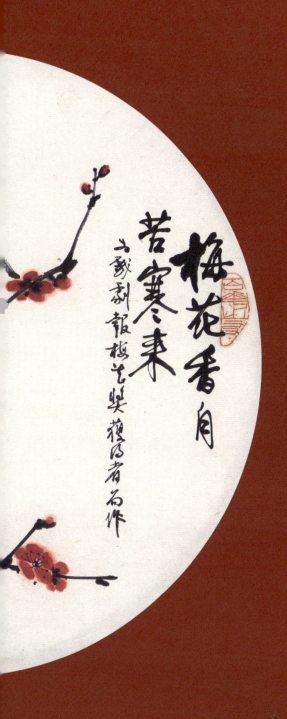

梅花香自苦寒来

吴作人

爱的礼赠

齐白石 《离鸡图》

余秋雨先生曾这样评价白石老人的艺术造诣："大地赋予了齐白石至高的艺术成就，而齐白石的性格与'天趣'密切，农民般的朴实，孩童般的天真。"

白石老人是父亲的偶像。这从父亲在困难年代仍要省吃俭用拿钱买齐白石画作的复制品可见一斑。受父亲的影响，我对这位"人民的艺术家"也推崇有加，经常会带着儿子庆庆去北京画院欣赏他的作品。

一位诗书画印全通的艺术家，晚年竟能"推翻"过去的成就，衰年变法，返璞归真。越了解白石老人的艺术道路，就越发珍视他笔下那些童趣天成的花花草草，鱼虾虫蟹，还有"出笼得食"的小雏鸡。

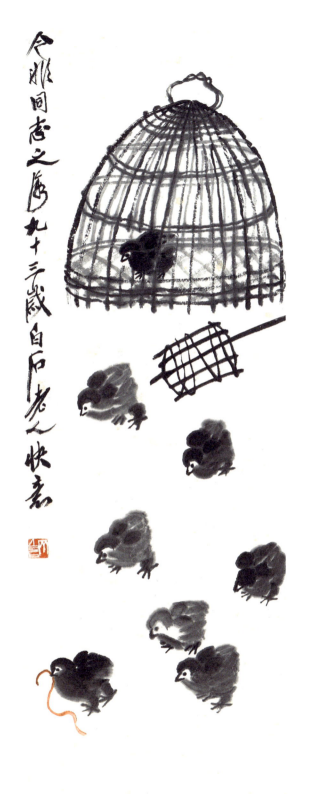

离鸡图
齐白石

白石老人自幼在家乡天天要喂牛养鸡，对鸡的生活特别熟悉，30岁以前画鸡就已经很生动了。60岁以后又开始进一步研究画雏鸡。80岁以后，画雏鸡的技法才算最后成功。老人熟练地掌握了墨色的浓淡干湿，巧妙地把雏鸡身上绒毛质感和神态都画活了。

我收藏的《离鸡图》，便是白石老人93岁所作。上有款识曰"今非同志之属。九十三岁白石老人快意"。更为可贵的是，这幅作品还有其学生李可染的签书"齐白石画雏鸡图。辛丑。染题"并钤印"《齐》齐白石、大匠之门"，"《李》可染"。

这张作品是香港著名收藏家杨永德的旧藏。上款中提到的"今非"，名为魏今非，曾出任国家工商行政管理总局局长、广东省副省长等要职，也是位重度书画收藏爱好者，古代书画积累甚丰，晚年分别将所藏捐赠给了故宫博物院以及南京博物院。魏今非广交书画界人士，所以经常得到作品写赠，这幅便是白石老人为其而作。

该画以雏鸡笼外啄食为题，画中一只雏鸡尚未挣脱笼门外出，格外生动有趣，因此画家自谓"快意"，其得意门生李可染于画成后八年署签以记，更为可贵。

这幅画，也算是圆了父亲的"白石梦"。当年我购藏后，第一时间作为礼物，送给了父亲。终于能够让父亲拥有齐白石的原作，也是我为人子在力所能及的范围内，奉上的一份孝心。

后来父亲常说，要把这张"小雏鸡"赠予庆庆。父亲钟爱白石，我购藏白石作品赠予父亲，父亲又转赠庆庆……往来间，以画传情，也是我们家庭中一种爱的延续。

林风眠 《秋林山居》
家中的风景

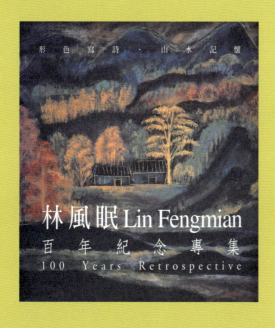

形色寫詩·山水記懷

林風眠 Lin Fengmian
百年紀念專集
100 Years Retrospective

负着安慰，调和这种冲突之责者，便只有艺术。

艺术的第一利器，是它的美。
艺术的第二利器，是它的力！
艺术，是人生一切苦难的调剂者！
艺术，是人间和平的给予者！

——林风眠

有人说，林风眠的艺术是孤独的苦味的诗。他的一生，充满苦难，然而又光彩夺目。他的作品，悲凉、孤寂，却打破了中西艺术的界限，造就了共通的艺术语言。弟子吴冠中曾经借用京剧的唱腔来说明林风眠的艺术特色："林风眠的腔是独特而鲜明的，他寓圆于方。"

很难形容我了解到林风眠先生苦难的一生后的那种心情。

在我的家中，就挂着一幅林风眠的《秋林山居》，我的小儿子常常在这幅画作下面看绘本、做游戏。只看画作本身，给我的感觉就是一种"耀眼的斑斓"。那色彩的冲击力，是超越了他所处的时代的。

随着对林风眠的了解，他悲怆而辉煌的艺术人生让我对他的作品更多了一份感慨。这幅《秋林山居》创作于1980年，正是自这一时期开始，林风眠终于过上了隐居般的生活，可以孜孜不倦地从事艺术创作。这一时期的作品，画面色彩更热烈、笔墨更放纵、韵味更醇厚。

秋林山居

林风眠

或许这正是人们口中的"认清生活的真相，依然热爱生活"的可贵态度吧。

有如此优雅的画作为伴，小朋友们潜移默化地感受着大师作品中蕴藏着的力量。小家伙会不经意地问起，"爸爸这个画上，山怎么是蓝色的，云彩怎么是黄色的……"这也是我希望为孩子们创造的一种氛围。

我收藏这些大师之作，就是为了装点生活。它们本就该示人，影响人，而不是被束之高阁或放进保险柜里。每每举目四望这家中的风景，应该满眼看到的都是美的东西，除了走进博物馆、美术馆，要让孩子们在家中也可以被美环抱。

庆宝

1982 年春，吴冠中为中国剧院创作巨幅油画《井冈山》

吴冠中《井冈山》到《苇塘》
唯美至上

英国著名的艺术评论家梅利柯恩说："凝视着吴冠中的画作，人们必须承认：这位中国大师的作品是近数十年来现代画坛上最令人惊喜的不寻常的发现。"

吴冠中一直都是我非常热爱的艺术家。

作为20世纪中国美术史上独树一帜的著名艺术家，无论是艺术造诣还是市场表现，吴冠中都是当之无愧的大师。但与其他一些"拍场明星"不同，我对吴冠中先生的最初认知，却源自于一张并不为人所知的作品。

20世纪90年代初，我参军加入了中国人民解放军总政歌舞团。从此就与一个剧院结下了不解之缘，那就是坐落在北京西三环总政歌舞团院内的中国剧院。这座剧院是除人民大会堂之外，历任党和国家领导人到访最多的剧院。也正是在中国剧院的贵宾室内，我第一次"认识"了吴冠中和他的艺术。

那是一张迄今为止所见最大的吴冠中油画。黑瓦白墙的江南水乡，掩映着粉红的云霞，一棵枯树之上是碧绿葱茏的枝叶在奋力生长。画作之大，覆盖了一整面墙，画面虽为柔和的淡蓝色基调，却溢出满满的生命张力！

井冈山——在吴冠中的笔下，这样三个字自然而然地从画作中徐徐升起，艺术的震撼力扑面而来。

"我永远往返于东西之间，回到东方是归来，再回到西方又是归去，归去来兮"

——吴冠中

后来听中国剧院的老先生讲，当年建造中国剧院时曾邀请了一批知名画家专门为其进行艺术创作，吴冠中先生便在其中。长久以来，吴冠中都致力于风景油画的创作，同时还进行着油画民族化的探索。他力图把欧洲油画描绘自然的直观生动性、油画色彩的丰富细腻性与中国传统艺术精神、审美理想融合到一起。中国剧院贵宾室内的这张油画作品，就很好地说明了吴冠中的艺术魅力。

如今，这幅画仍然挂在中国剧院，成为当之无愧的"镇院之宝"。对我而言，年年看，岁岁看，草蛇灰线地埋下了我对吴冠中先生画作的一种念想。此后，每每在拍卖场上看到吴冠中先生的作品，油画也好，水墨也罢，我都会在几米之外就辨出是他的作品，

那种东西交融所产生的独具一格的美感，真真是属于吴冠中一个人的。

在如此美好的铺陈之下，我最终以一个收藏家的方式完成了对吴老艺术的致敬。2016年秋，一场海外拍卖会上，我将吴冠中先生笔下的《苇塘》请回了家。

芦苇塘是吴冠中先生钟爱的一个题材。在吴先生的笔下，是故乡宜兴特有的水乡景致，水塘中茂密而错落的芦苇，随风起舞，伴随着的是一行向南而飞的大雁。画面的主色调是明快素净的墨色和淡紫色，飘逸婀娜，唯美浪漫中透出的是对故乡的深情厚谊。

这种艳而不俗，唯美至上的调调，正是我心目中对吴冠中艺术的最佳诠释。于是，我再次毫不犹豫地出手，购藏了这幅吴先生创作于20世纪90年代初期的《苇塘》。或许是对我"念念不忘"的奖励，拍卖行的书画负责人多次专门致电我表示"买得太便宜了"！

诚然，吴冠中是当之无愧的拍场明星，屡屡创下高价。但我相信，吴老会更乐于找到对其艺术认同的知音。记得关于自己艺术的市场表现，吴老曾说，"艺术是自然形成的，时代一定会有真诚的挽留和无情的淘汰。艺术市场是一面镜子。但上帝只会关照一心去创作的画家，而不是光照镜子的人"。

苇塘
吴冠中

同样，与我而言，果断拍下吴老作品的那一刻，完全是发自肺腑地欣赏与认同艺术本身，是透过艺术看到了吴冠中这位艺术家的伟大。

唯美至上，价格只是美的一种投射。所以，即便如今该画作已易主他人，仍旧留给我美的回忆与体验。至于一买一卖前后所产生的收益惊喜，也是艺术市场这面镜子折射出的一道奇妙的光晕。

"艺术起源于求共鸣，我追求全世界的共鸣，更重视十几亿中华儿女的共鸣，这是我探索油画民族化和中国画现代化的初衷，这初衷至死不改了。"

——吴冠中

陆俨少曾说自己"外出游历只用眼睛看，凡得山川神气，并记在胸"，他作画无论多大尺幅，从不起草稿，提笔就来。在其"近乎道矣"的高妙技法之下，江河澎湃，云山壮美，展现出一派深邃的东方意象。

一见钟情，再见倾心。收藏亦如是。

对一件作品的热诚，对一位艺术家的喜爱，是一个循序渐进的过程。最初的吸引，往往源自"一见钟情"的作品，从而引发对创作者的追慕，进而有了更为深刻的认知。基于上述了解，最终促成对作品的购藏。

然而陆俨少却打破了我的收藏规则。

陆俨少是近代以来为数不多的既全能又多产的名画家，作为海派的扛鼎人物，其山水、花鸟、人物、书法，几乎无所不能，且无所不精。有人称他为"中国最后一位传统文人画大师，时代山水画的一座高峰"，其艺术成就与史学地位可见一斑。

然而这些高妙的评价，都是我将陆俨少的《唐人诗意图》收入囊中之后才了解到的。

2010年，在拍卖预展中我"邂逅"了这幅作品，当时就被画作喷薄而出的气势所震撼。"两个黄鹂鸣翠柳，一行白鹭上青天。窗含西岭千秋雪，门泊东吴万里船。"如此耳熟能详的唐诗，被陆俨少具象成为颇具时代感的画面。那时我的脑海中浮现的一个词就是"开创性"！

陆俨少先生首先是学问家，然后是书画家。当时便已被评价为"诗书画三绝"。

师法"四王"，进而明代诸家，初具个人面貌，此后得窥宋元之奥，再加游历造化之功，终开"陆家山水"之面貌。此外，陆俨少两度执教美院，为艺坛培养了大批书画名家，尤其是为美院树立了重视传统的国画教学体系，影响至今。

作品被我请回家后，与吴作人先生的《长空》一道，被我挂在最显眼的地方。随着对陆俨少先生了解的加深，对陆先生的艺术有了更多认识。然而每每观看这幅《唐人诗意图》，仍会回到"初初相见"时的那种气势所带来的震撼感。远看气势磅礴，近看更是

包容了四季之美，好似中国的好山好水好风光都被浓缩进了这一幅画里。

细品之下，陆先生笔下线条疏秀流畅，刚柔相济。云水为其绝诣，有雄秀跌宕之概。勾云勾水，烟波浩淼，云蒸雾霭，变化无穷。即便是古韵盎然的松枝、梅花，其脉络走势，无不彰显着陆老雄厚的传统水墨功力，同时更有一种"陆家山水"最典型的创新性和现代感。

不得不再度感叹收藏中财力的重要，令我有能力可以支持自己对陆老作品的"天然"感知与判断，可以满心欢喜地购藏下如此尺幅的画作。能够收藏到艺术家如此养眼养心的精彩之作，或许也是通向艺术作品和艺术家本人认知的一种"捷径"。

这幅《唐人诗意图》是我的收藏中尺幅相对较大的作品。一般情况下，尺幅大画工精的作品往往都能有傲人的市场表现。当然，我在这里也不是要树立一种"越大越值钱"的收藏观念，这要依据不同艺术家不同的艺术特点而变通。比如白石先生的草虫，可能只有巴掌大小，照样可以在拍卖场上创下天价。陆俨少作为一个善于描绘大山大水，以气魄著称的艺术家，能够一举藏得他的大尺幅作品，也算心满意足了。

黄胄《塔里木曾见》
有温度的收藏

毛泽东主席曾评价黄胄"是新中国自己培养出来的有为的青年画家，他能画我们的人民"。在黄胄看来，"文学家、画家是在我们的土地上出生成长的，几千年来有一个看得见摸得着的东西始终贯穿着我们的一切，那就是民族的精神和传统。我的艺术就是在这个信念的基础上发展的"。

黄胄是中国画艺术大师、社会活动家、收藏家。同时他也是中国第一座大型民办艺术馆——炎黄艺术馆的缔造者。与黄胄先生的渊源，也是从炎黄艺术馆开始的。

大约是20年前，有次我应邀出席了炎黄艺术馆的活动。黄胄先生的夫人郑闻慧女士热情地接待了我，在她的陪同下，我有幸深入地了解了炎黄艺术馆，同时对黄胄及其家人有了更为感性的了解。

后来，我与黄胄先生的女儿梁缨女士成了好友。时隔多年，有次我得到了一张黄胄先生的作品，希望可以请其家人代为鉴定，提到了多年前的那一次会面，梁缨姐姐告诉我，年近90岁的老妈妈仍旧记得我当年的到访，郑妈妈甚至依然记得我对当时展出的一张麻雀主题的作品情有独钟。

几十年前的偶然相交竟能令老人家念念不忘。如此温暖的细节，也恰好与我手中的这幅黄胄先生的作品传递出的感觉相呼应。

一头憨态跃动的驴，背上安坐着一位手持咚巴拉纵情弹唱的维吾尔老者，旁边是几只闲散徘徊的猎犬……寥寥数笔，黄胄先生便勾勒出这样一幅来自塔里木的风景。不同于艺术市场中常见的水墨作品，虽然是黄胄先生最为擅长的边塞风光，其采用的却是一支笔尖被刻意折弯的钢笔。

这是一幅难得一见的钢笔画！如此结论可是我几乎以"破坏"这幅作品为代价得出的结论。

我曾多次提到我与萧淑芳、萧淑娴两位先生的渊源。黄胄先生的这幅作品正是得自萧家的后人。当年，吴作人曾与黄胄、蒋兆和等人共事，周末经常会在位于建国门水磨胡同的家中相聚，笔墨相会，音乐为伴，这幅小画便是当时的产物。

刚拿到的时候，我曾一度以为这是黄胄先生的炭笔画作品。本着收藏家应有的严谨态度，我拍了照片发给了梁缨姐姐，向她请教以辨真伪。

塔里木曾见

黄胄

看到图片后，梁缨姐姐兴奋地告知我，从图中的印章来看，必是真迹，再看签名，恣意洒脱，也是黄胄先生习作签名的特点。更重要的是，黄胄先生存世的作品中，就有构图完全一致的作品，也侧面印证了我手中这张小画的"身份"。我依稀记得梁姐姐一边深情地回忆起老妈妈对我的惦念，一边恭喜我"捡到宝了"！

即便如此，还有一个问题没有确认：黄胄先生究竟是用何种材料绘制了这幅画作。炭笔？铅笔？好奇的我甚至打算用庆庆的橡皮擦拭画面，以求正解。梁缨姐姐听后赶忙邀请我带上画作与她相见，也为我解开了谜团。原来，是黄胄先生别出心裁地用一支折弯笔尖的钢笔画出的作品。

众所周知，大自然是黄胄先生永远读不完的书，他的画极注重造型，线条粗犷、遒劲、气势磅礴，笔墨淋漓尽致。作为新中国美术史上一位具有重要影响力的画家，黄胄先生的作品关注生活，真诚描绘人民的形象，特别是为边疆少数民族留下了壮美的生活画卷。他的少数民族人物与动物具有鲜明的艺术个性和艺术魅力。

小小一幅习作，仍然可见黄胄先生的"生活基地"与艺术追求。同时，这张画也是黄胄与吴作人、萧淑芳等人相交的佐证，更让我能与黄胄先生的家人再续前缘。对我而言，可谓又是一幅有温度的佳作，有温度的收藏。

真假一念 金城《临文衡山山水》

谈及近现代画学的积极推动者，必言金城，他与张大千、溥儒、陈少梅号称"民国四家"。金城出身书香门第，自幼喜爱绘画。因没有老师传教，就在家里临摹家藏古代名人画迹，到后来所临字画几可乱真。

熟悉我的朋友都知道，或许是性情使然，所以有时会因为自己的喜好而对艺术品做出某种天然的判断。幸运的是，这种发自内心的判断最终会得到艺术市场的验证。

对于艺术收藏而言，真伪是一切的要义，其后才是价格的博弈。作为睿智的收藏家、鉴赏者，遇上自己喜欢的艺术品时，不仅需要"一念之间"的感性之爱，还需要理性的判断和更全方位的理解。

金北楼（金城本名）的这幅作品背后，便体现了这种"真假一念"的收藏哲理。

在遇见这件《临文衡山山水》之前，我对金城先生并无过多了解，只知道是一位近现代的绘画大家。所以当我在一场拍卖预展中看到《临文衡山山水》时，我并没有注意到其作者究竟是谁，或者是否为临摹古人的画作，单单是画面本身传递出的那种古画特有

一九二七年湖社月刊出版

的意境之美，就已经将我吸引，驻足良久。它就是我心中的古意！

古人常以画作表情达意，抒怀畅游。这幅作品在青绿山水间传递出的，恰是我内心渴求的那种生活景致。画面中，远山横亘，悬崖巨峰，平滩奇树，江帆碧水……在这湖光山色、苍松翠林间，屋舍俨然，真真是静中有动，动中有静，自然与人文和谐于古典山水之间，绝色人间。所谓向往的生活，不外如此。

在我看来，中国画之所以高级，就是这种对心境的精准描摹。作者描绘的不仅是一幅画，更是一种状态，一种心境。哪怕像这幅画尺幅不大，仍能绘尽悠然之态。

细看之下，方知是金城先生1912年的作品，上有金城的钤印，还有"仿文衡山画法。壬子夏四月，拱北金城"的款识。我便向书画方面的专家朋友进行了咨询。

了解之下，我才知道，作为京津画派的领军人物，金城创立了闻名遐迩的中国画学研究会并出任会长，是一位在中国书画历史上可圈可点的人物。他的作品大都是仿古、师古的风格，深得古人之意境。用朋友的话讲，这画倒像是金城先生的作品，但却不够肯定，而且像这样临摹古人画作，对金城而言不算特别之作。

临文衡山
金城

怎奈他绘出了我心中之景，我还是忍不住"出手了"！最终，这幅作品以远超我预估一倍以上的价格成交。那位专家朋友一边恭喜我，一边给我吃"宽心丸"——拍场竞争如此激烈且能以这样的高价成交恰恰说明了这幅画是对的！

这便是艺术市场中特有的小门道，争得激烈便是作品价值乃至真伪的佐证，成交价格高自然也是作品优质乃至稀缺的佐证。

真假？价格超高？不得不承认，对这幅作品我始终心存疑虑，哪怕真心喜欢，哪怕"落子无悔"，但付出的毕竟是真金白银，仍旧免不了心里的忐忑。朋友的这剂"宽心丸"也在某种程度上给了我一些心理上的支撑。

与张宗宪先生留影

忽然有一天，这位专家朋友兴奋地告诉我，他有一个关于这件金城作品的天大好事。他竟然在无意间帮我找到了这幅《临文衡山山水》出处的证明。

1919年，金北楼先生用日本退还的"庚款"创立了中国画学研究会，这便是北京湖社画会的前身。正是基于这样的背景，1927年在周肇祥先生与齐白石先生的努力下创办了《湖社月刊》，该月刊以"提倡艺术、阐扬国光"为方向，内容以古今书画为主，旁及金石文器，时贤诗词等，是一本综合性的图文并茂的文化艺术期刊，数十年发行于社会，为宣扬湖社画会的办社理念和精神，推动中国美术发展起到了不可磨灭的作用与贡献，也是湖社画会的发展奠定了齐白石先生日后在中国美术界、绘画界的历史地位。

朋友找到以宋代大画家巨然笔下山水为封面的《湖社月刊》中，便刊有"金北楼先生临文衡山山水"一画。如此清晰无误的资料，不仅为我收藏的画作"验明正身"，更成为这幅画"流传有序"的新证明。在朋友看来，有了这样的"身份"，这张作品至少要再增长一倍的身价。

出身书香门第，自幼喜爱绘画的金北楼，临摹家藏古代名人画迹无数，所临字画几可乱真。我则刚好因为欣赏这份"乱真"的古意而毅然购藏其画作。这就是艺术收藏的玄妙与乐趣吧！一念之间，可能是价格的千差万别，也可能是去伪存真的惊心动魄。

人常说收藏如同探案，需要"大胆假设，小心求证"。我觉得，相信直觉即为"大胆"，多方求证便是"小心"，"真假一念"就是收藏不可取代之乐。

知名收藏家、鉴赏家和慈善家张宗宪先生题写

AESTH
D

历史里走出来的

人物

收藏之美，
不仅仅是艺术，
也是通往你内心深处的
一段美好的情感记忆。

溥杰
历史里走出来的人物

溥杰将自己的书法经验总结为："腕头力气刚浑劲，纸上临摹守碎离。心正自然丰笔韵,形拘自得趋丰姿。"这也是以书法著称的溥杰先生的一种艺术态度。

1990年，对我来说是一个特殊的年份。那一年，《北京的桥》不仅让我获得了第四届全国青年歌手大奖赛通俗唱法组的银奖，也让我结识了一位从历史里走出来的人物——溥杰。

"北京的桥千姿百态，北京的桥瑰丽多彩……"这段旋律当时在北京的街头巷尾传唱，也唱进了末代亲王溥杰老先生的耳朵里。

有天，朋友神神秘秘地告诉我，有一位老先生要见我。当他讲出要见我的人的名字是"溥杰"时，那种惊讶的心情到现在还记忆犹新。

溥杰是谁呀？！他可是那位传说中伴读于末代皇帝溥仪身边，亲历了重要历史的人物。没想到因为一首歌，竟然有一位从历史里走出来的人物点名要见我！

然而当我来到溥杰位于护国寺的居所时，见到的却是一位平易近人、可亲可爱的老人家。在他的口中，我歌声里的北京是"有滋有味"的北京，是唱进他心里的北京。更令我受宠若惊的是，临别时，时年85岁高龄的老人家专程拿出早已准备好的"礼物"赠予了我。那是一幅书法作品。上面竟是溥杰先生专门为我创作的一首诗。

脆疑敲玉韵，
累讶贯珠盘。
白纻翻新调，
倦音取次弹。

诗中谬赞我的歌声如玉如珠，更在落款处为我冠以"人民歌手"的称谓。

虽然在很多朋友的眼中，我是年少成名，但作为一个年轻的歌手，被给予这样的称号，而这个称号又出自一位具有特殊历史经历的人物"白纸黑字"的定位，彼时还是万千感慨翻涌于心的。时至今日，我仍然记得溥杰先生在送我书法时，说出"留个念想"时的真诚却淡然的神情。

如今，这幅字仍旧挂在我的书房里。而随着阅历的增长以及对艺术鉴赏力的提升，每每看到这幅字，我不仅感受到一位老者对一位初出茅庐的后辈的肯定，更看到一位文化大家纯粹的创作初衷。

脆耘敲玉韻曇
詩貫珠鑒白紀
翻新調僝音取
欣彈

蔡國慶人民歌手惠念
歲次辛未仲冬中澣
書粘顥壇上一殿濤泉
溥傑

就艺术成就而言，溥杰先生生前是中国书法家协会的名誉理事。他精习书法，具有坚实雄厚的诗书功力，是海内外知名的书法家，著有《溥杰诗词选》。溥杰工行书，初学虞世南，后自成一体，隽秀爽健，婀娜多姿。业界有一句称语：舒同的圆，溥杰的尖。"尖"说的就是溥杰先生的书法艺术特点。朋友常说"能拥有溥杰先生的字是蔡国庆的偏得"，我当然认可。但这绝非出于先生书法作品不菲价格的原因。

遥想当年，八十几岁高龄的老人家仍旧下笔有神，诗书合意，表达自己的想法和态度——创作初衷仅仅是出于对歌声和歌者的认同。而当时被赠字的我，也是本着被欣赏的感动以及对老先生的敬慕之情前去拜望的。因歌声结缘，因艺术相知。

哪怕这幅字算作是我收藏中的一件，我仍旧觉得它是我心目中收藏的至高境界——一位书法大家专程为你而创作，这件作品所达成的内心愉悦与精神满足，是与购买藏品得来的感受全然不同的。

或许有人觉得，作为一名公众人物，这样类似的"偏得"是很常见的。尽管我经常有机会见到很多艺术大家，但却很少主动张口去求画求字。当然，对于那种向自己膜拜的艺术家索求墨宝的心情我是十分理解的，但是我更珍视这种"被动"获赠带来的欣喜。尤其是在艺术品市场蓬勃繁荣的今天，一幅字、一幅画，往往代表着不菲的经济价值，这也会为求字求画的举动增加心理负担。不过随着与更多大家的深入接触，我逐渐明白，真正的艺术家更在乎的是其艺术表达有没有获得认同，有没有产生心理共鸣。这就意味着，即便要求字求画，也要抱有一颗简单的热爱艺术的初心。

就像当年我在撰写《龙骧:蔡国庆的收藏主义》时，就曾邀请范曾先生为我题词并作序。他二话不说，一气呵成地完成了创作并分文不取。我相信，这即是一种信任——我并非出自商业原因而求字——更是因为一种艺术家之间的认同。

这些作品，我定会一辈子珍存。对我而言，不管这些艺术作品的市场价格如何变化，都是我与这些艺术家心灵交互的见证，同时，也如同我的每一张唱片，每一本书，是我真情实感的载体。

我相信，艺术无价，记忆不灭。

赵朴初
念总理

1976年周恩来总理逝世，赵朴初含泪作诗《周总理挽诗》抒怀："……无私功自高，不矜威益重。云鹏自风抟，蓬雀徒目送。我惭驽骀姿，期效铅刀用。长思教诲恩，恒居惟自讼。非敢哭其私，真为天下恸。"

"大青松，迎春风，周总理来到少年宫……永远难忘您亲切的教导，永远难忘您慈祥的笑容……"

1976年1月8日人民敬爱的周恩来总理离世，举国悲恸的气氛中，父亲怀着赤诚的情感创作了《周总理来到少年宫》，以表达对总理的敬仰和怀念。12岁那年，中国唱片社为我出版了首张个人唱片《周总理来到少年宫》，后来这首歌被我收录进了《蔡国庆国庆——歌样年华三十年》专辑之中。

周总理可亲可敬的形象就这样深深地印在了我的脑海中，这首歌也成了我与父亲之间特殊的情感纽带。正是出于这样的一种情感，当我第一次看到赵朴初先生的《人月圆》时，便再度激发了我少年般朴实的情感。

1974年，恰逢共和国诞生25周年，照例要举办国庆招待会，而此前每年一度的国庆活动都是由周恩来总理亲自主持的，这已经成为惯例。然而当时总理正身处病中，人们一面关心总理的身体不愿他带病坚持，另一面却还是殷切期待着总理的身影……时年67岁的赵朴初先生就参加了这次"百感交集"的国宴，并在宴会上，见到了久病后复出的周总理，感动欣慰而创作了《人月圆》一词。

彼时，我对赵朴初先生还不甚了解，但还是被其记录下的内容深深打动了。他用诗词记录下了总理那个特殊的历史瞬间，感情是那么真挚，令我不由得想起《周总理来到少年宫》创作背后的那段岁月。

后来借由对手中藏品的研究，我才了解到赵老在佛学、诗词、书法等多方面的造诣之高，周恩来总理曾称其为"国宝"，其成就可见一斑。

收藏不仅拓展了我的学识和眼界，同时也成为我的情感载体。也希望可以把这份心得与大家一同分享，收藏之美，不仅仅是艺术，也是通往你内心深处的一段美好的情感记忆。

月圆

...七四年国庆前夕，周总理出席国宴，时总理久
...中外悬念，致词时声音宏亮，满座宾朋，掌声
...，经久不息。西园寺公一喜泪盈眶云："总理
...健康了。"又云："象这样伟大的总理，世界
...上是少有的。"并嘱余即景赋诗。是夕适值中
...因拈此调为赠。掌声如海如潮涌，翘首听雷音。
...国庆，月圆人寿，万象欣欣。倾杯吐臆，良朋
...，感我衷情。愿君长健，观山观海，不厌高深。
...同志属书留念

一九七七年九月　赵朴初

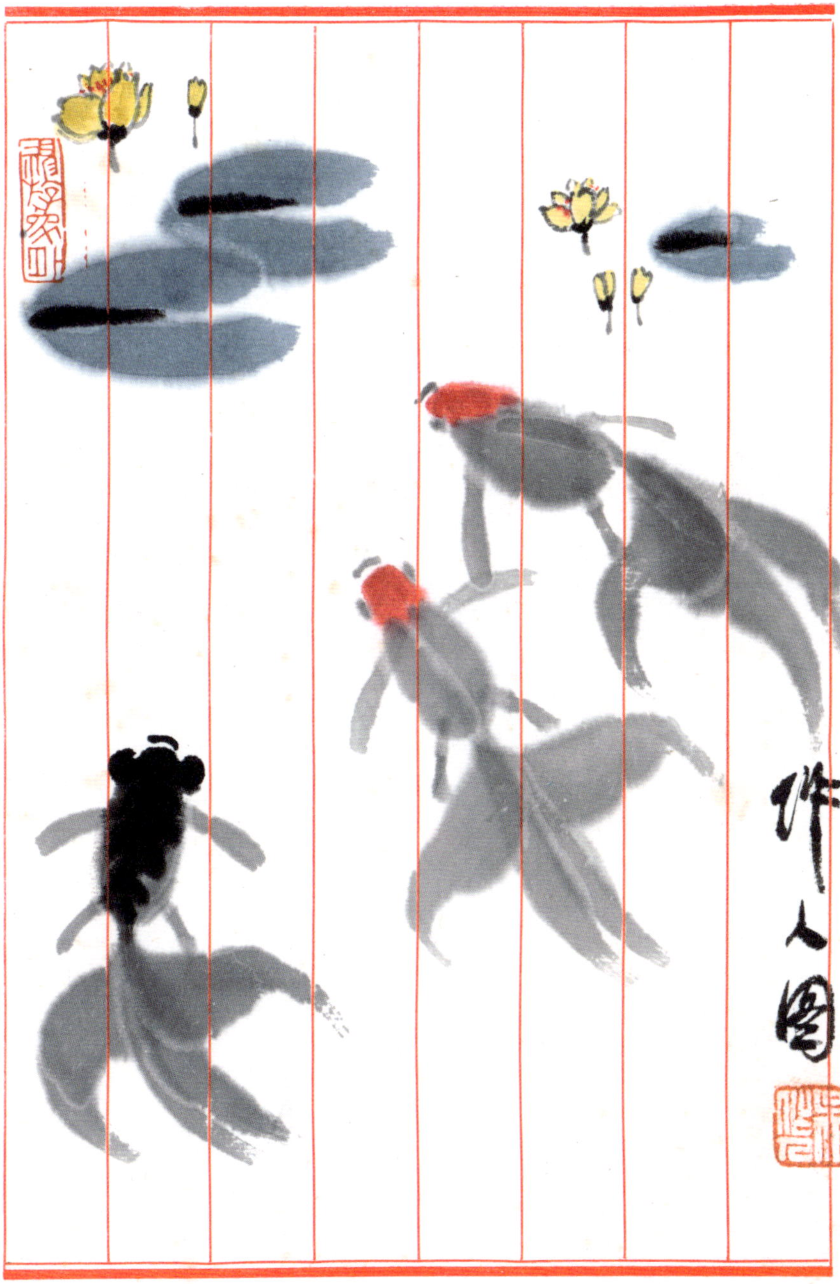

中国美术家协会

周末的时间，我都会挤上这样的公共汽车去少年宫。

风景

吴作人

一九七三年

中国讲究"书画同源"。宋人郭熙有"人之学画，无异学书"之著，近代鲁迅先生讲"写字就是画画"。

溥杰先生赠字开启了我对中国书法的认知。他的字也成为我的第一幅书法收藏。

在后续的收藏经历中，我开始有意识地收藏书法作品，现已有吴作人、李可染、赵朴初等艺术大家的作品数件。

了解我的朋友都知道出于家庭的渊源，我对绘画的情结颇深，相较之下，绘画收藏也更为丰富。但是我的每一幅书法收藏，都能加深我对于艺术家、艺术创作背后精神的理解，这种获益也成为我进一步购藏书法艺术的动力。

当代中国

繪畫

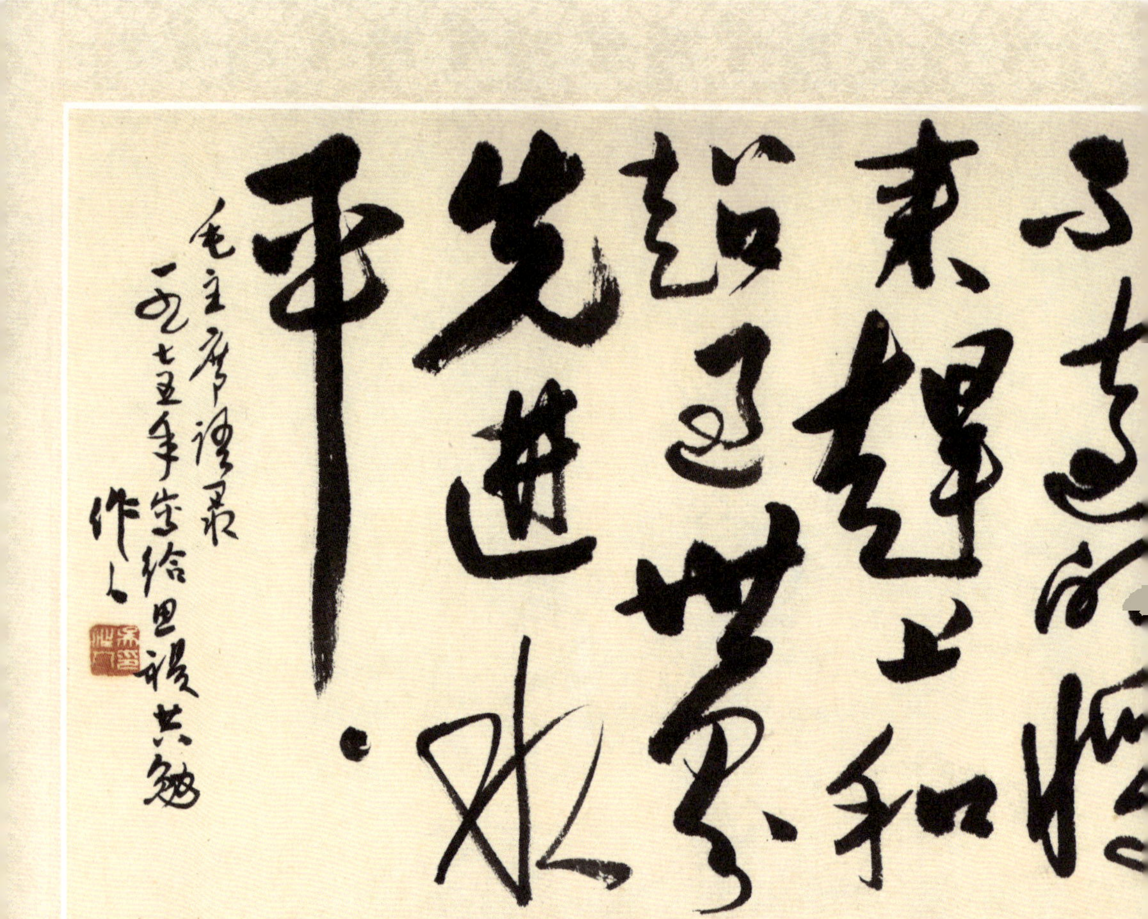

毛主席语录
一九七五年 李生给 里根其勉
作人

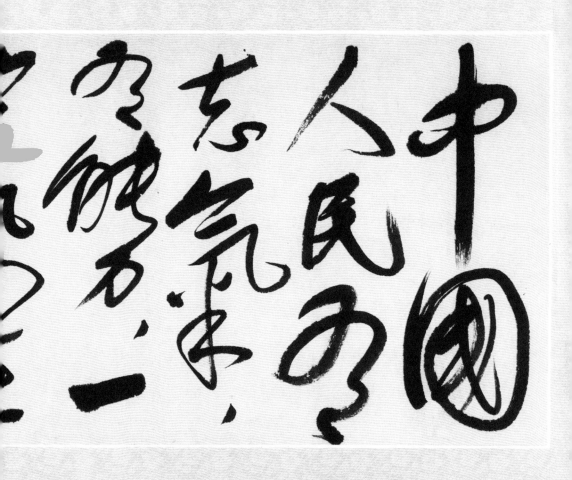

中国人民有志气，有能力一定要在不远的将来赶上
和超过世界先进水平。
毛主席语录

一九七五年写给思稷共勉
作人

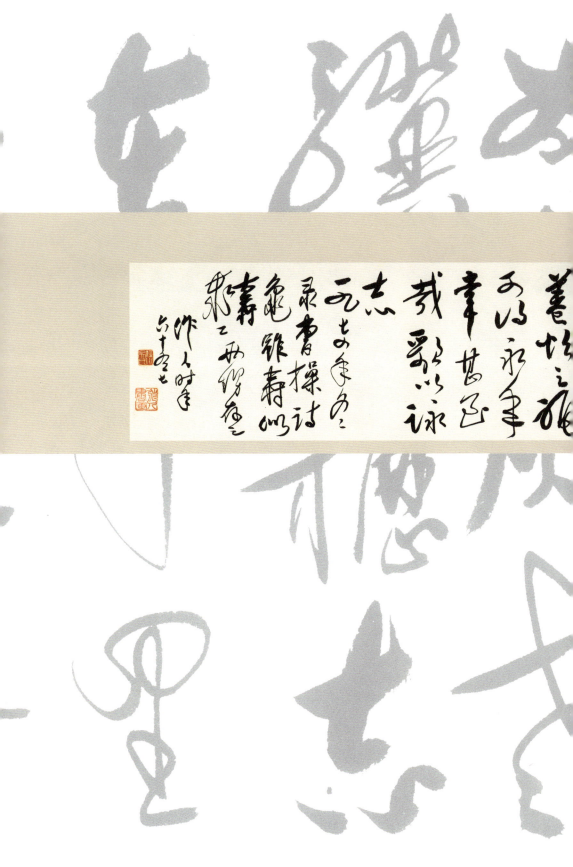

神龟虽寿，犹有竟时。
腾蛇乘雾，终为土灰。
老骥伏枥，志在千里。
烈士暮年，壮心不已。
盈缩之期，不但在天；
养怡之福，可得永年。
幸甚至哉，歌以咏志。
一九七四年冬，录曹操诗龟 虽寿似寿。
岁乙卯甥存之。

作人时年六十有七

騰蛇乘霧　終為土灰

老驥伏櫪　志

比如我收藏的李可染先生和吴作人先生的书法作品。

不同于溥杰、赵朴初，李、吴二位大师是以绘画艺术见长的。当我见到他们的书法作品时，还是被其相通的艺术气息打动了。

中国书画自古便讲究"同源"，这里的"源"，是"形"，是"神"，更是"心"。透过艺术家的笔墨，感知到的是中国水墨筋骨之形，意境之神，文人之心。所谓字如其人，画如其人，人的品性皆会融入其书画作品之中，所以，书画同源，无外乎源自人心。

与收藏品为伴，只要用心，便可随时与艺术家的"心"相遇相知。

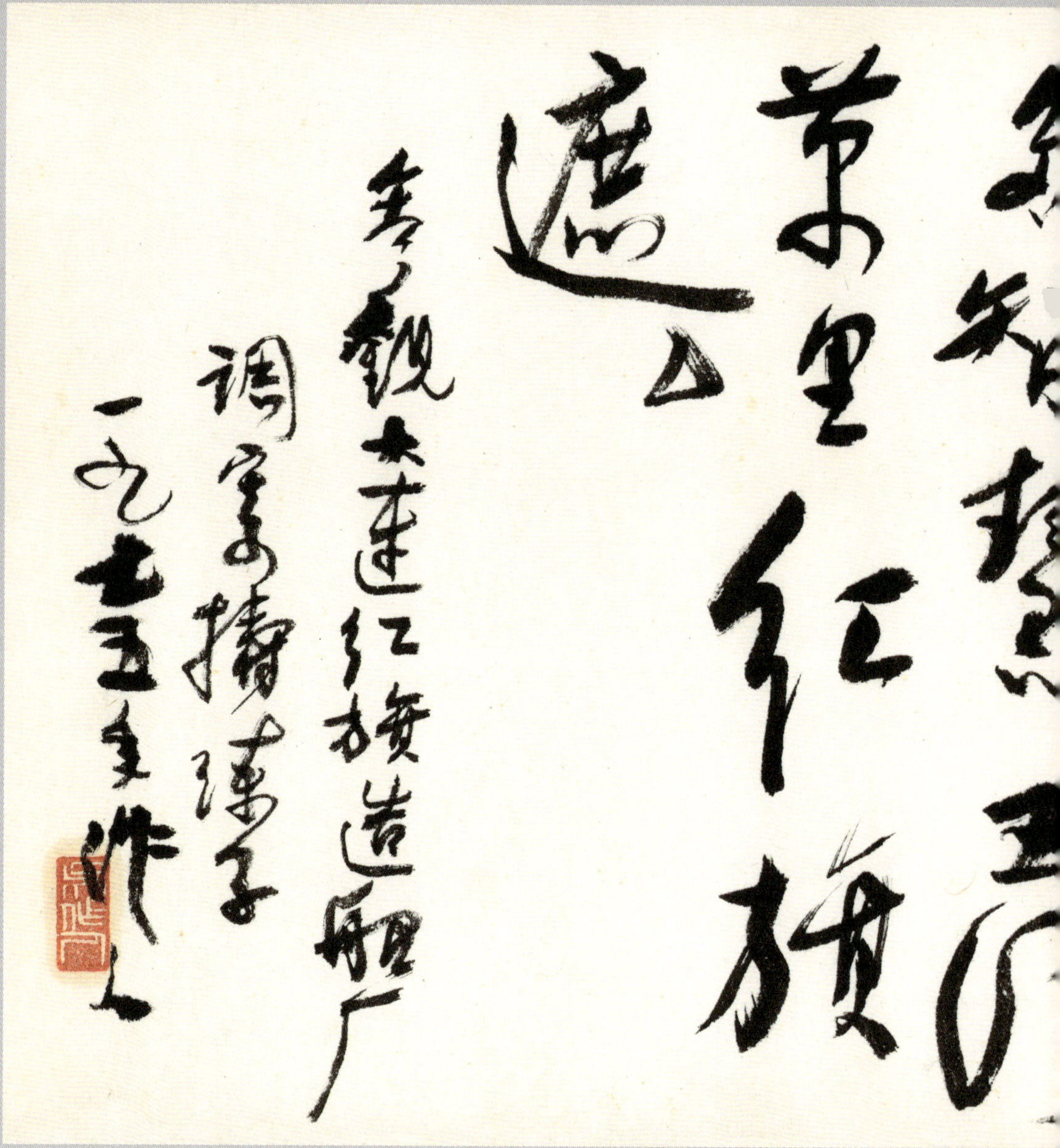
参观大连红旗造船厂
调寄捣练子
一九七五年作

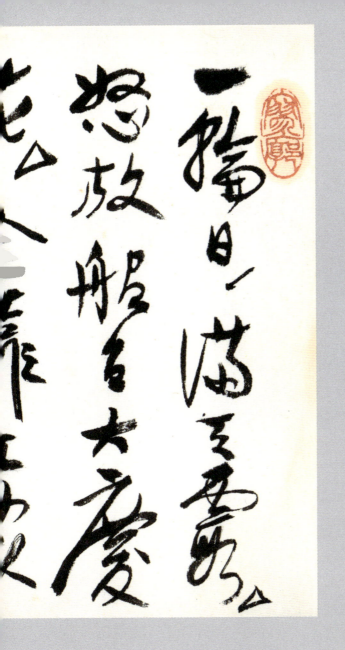

一轮日，满天霞，怒放船台大庆花。
全靠工农多智慧，五洲万里红旗遮。
参观大连红旗造船厂，调寄捣练子
一九七五年作人

范曾

追古同好 忘年之交

与范曾先生的交往源于一个"趣"字。

初相识，先生赏赞我是"歌坛俊杰"，但他与夫人每每在电视机前看到我时，却最喜我主持节目的幽默之趣。令先生印象最深的，便是我在一档名为《金色年华》的节目中，将那些乐观开朗的阿姨比作"大牡丹"的桥段。在范先生看来，如此妙喻必然出自有"趣"之人。自此，"牡丹"不仅成了我与先生间的默契之语，也成为我们十几年交往的趣味开篇。

如果说风趣的共性让我们每每见面都能抒怀畅谈，那么拥有相同的志趣则令我与范先生成为忘年之交。

2015年夏，我带着《龙骧：蔡国庆的收藏主义》一书的样稿去拜访范先生。先生一边认真翻看，一边赞叹。他知我是热爱传统文化之人，也对我的收藏略有耳闻，但当他看到我藏有自明嘉靖到清宣统龙纹官窑且如此之丰后，还是倍感欣喜的。他惊讶于一个"后生晚辈"竟能花下如此经历与财力，去珍藏传统经典。最终，先生对我的肯定也化作了"意外之喜"——先生当即挥毫，为拙作作序。

人说"出口成章"，范先生此番却令我亲眼见证了何为"落笔成序"。只见先生早已"腹稿"在胸，洋洋洒洒，不过一盏茶的时间，便写就了一篇《国庆藏龙记》。

从"龙为夏之图腾"再到"帝德天威"……寥寥几笔，已将华夏百姓对"龙"之钦慕跃然纸上。更令我感佩的是，先生对我收藏理念的共鸣——"藏可养性""厚藏多失，但取精美"。先生看懂了我的收藏，更读懂了我对中华文明的热诚。如此序言背后，既是一位长辈对后辈的认可，更是一位文化大家对同样追慕中国文化的同好的肯定。

不仅如此，先生对我这位好古小友历来慷慨。早在为《龙骧》作序之前，先生就曾为我题写堂号"庆音堂"，取"国庆以音乐传美"之意。有次先生做寿，席间为友人们赠送了签名版的茅台。我"斗胆"替庆庆讨要一瓶，先生大方相赠，还亲自题写了赠言……诸多交往点滴，想来都饱含温暖。

同是风趣之人，难得志趣相合。

或许先生的风趣、志趣与他相交之人都能感受切深。但如此大家特有的"童趣"或许需要同样怀有童趣之人能够领会。

他于丙申猴年赠我的小猴子就是很好的印证。摄影师记录下了先生赠画当天的情景：我学着画中小猴的动作，先生开怀大笑。照片定格的，便是我与先生的相知"趣"味。

神
范
丙

神猴望月 神猴望月 壬辰写 得神 持事 见神 异记 范曾

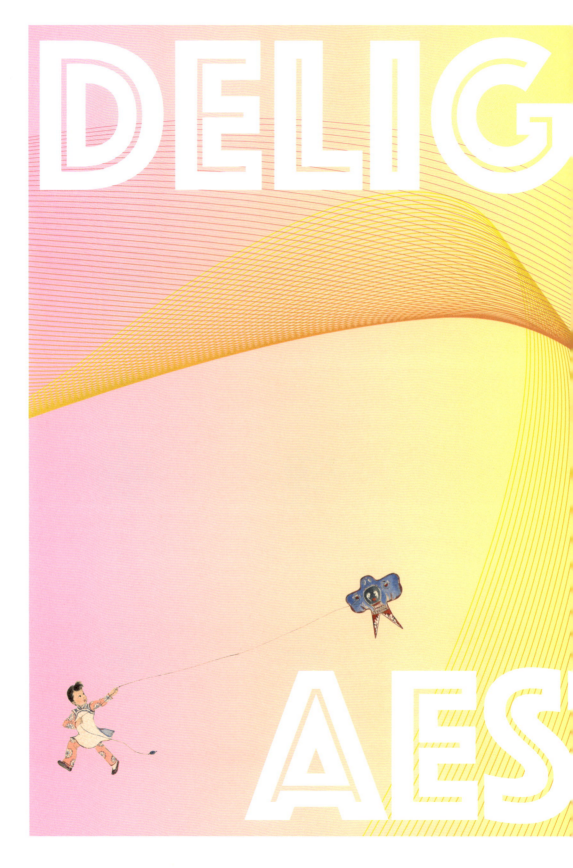

我的

小天使

要种这样一棵象征生命和希望的

绿色植物，

这就是一种艺术家才有的精神支柱，

再艰难再困苦的日子，

仍然要有一个属于自己的

美的存在。

美在其中

仲秋于辛丑年北京

父亲

耄耋学画

年少的记忆中，就出现过齐白石画作的影子。虽然收入微薄，但父亲仍舍得花钱购买了一张白石先生的复制画，然后告诉我，这就是中国画。

父亲有父亲的执着。

80岁，耄耋之年的老人，毅然拿起画笔从头开始，认真学画。这种精神头，不仅我看在眼里，庆庆也特别佩服爷爷的创作热情。每次家里有人过生日，父亲都会亲笔创作一张作品，这也是属于我们家庭的高级定制版礼物。

其实父亲年轻时就非常喜欢齐白石先生的书画。后来随着我收藏的丰富，有机会让父亲近距离地欣赏到白石先生的真迹。而我对吴作人和萧淑芳二位先生的钟爱，同样也影响着父亲的中国画的欣赏眼光。

如果从专业的技法来看，父亲的创作基本学习了萧淑芳先生的创作技法，先用铅笔打稿，再上色。

爱归爱，父亲其实没有真正学过画画。但他的职业使得他对艺术家的精神一直都能感同身受。

父亲常常提起这样一个故事。他的一位好朋友被抓进牛棚关了起来，趁着放风的工夫，这位朋友便会从地里挖些花花草草，再抓些土回去，然后就种在自己的牙缸里。父亲觉得，即便在牛棚里，也要种这样一棵象征生命和希望的绿色植物，这就是一种艺术家才有的精神支柱，再艰难再困苦的日子，仍然要有一个属于自己的美的存在。

这个故事给我留下了极为深刻的印象，有时候我想，如果我没有成为歌唱家，可能会是一个装饰艺术家。当然，无论是什么"家"，最终都是"生活家"，把艺术活成自己的人生，才是一种最高的境界。

美在其中　李来柱

原北京军区司令员李来柱上将题写

　　每次回到家，我去握我母亲手的时候，她另外一只手总会颤颤巍巍地摸着我的手，在那一刻，我觉得她是记得我的。

母亲是个大美人。

父亲常常说起，母亲以前如何的大方好看，是街坊四邻夸奖的对象。父母还年轻的那个年代，很难留下一本有纪念意义的影像册，经过特殊历史时期的几次"抄家"，照片之类的资料几乎都销毁殆尽。没想到有心的父亲竟然一直珍藏着一张母亲的素描肖像，记录着母亲的青春韶华。

据父亲回忆，这张素描出自一位舞台设计的艺术家之手，当时这位艺术家正在为中国芭蕾舞团一个即将公演的节目进行舞台设计。工作闲暇间，忽然看到正在忙碌着的母亲，觉得格外动人，便主动提出要为母亲作画。父亲说，画中描绘的母亲，正是他们新婚时的模样。

遗憾的是，当时匆忙间，这位艺术家并没有在画作上留下自己的名字，而年代久远，父亲的记忆也已模糊。但这幅画却一直被父亲视若珍宝，哪怕是经历了最艰难的岁月，面对随时可能被"揪出来"的危险，父亲仍然没有一丝动摇地把母亲的肖像留在了身边。

母亲是一位平凡的女性，在地毯厂工作时，经常设计一些编织花纹，也算是另一种意义上的"创作"。后来患病记忆逐渐丧失，仍然会在纸上涂涂画画。

这位美丽而平凡的女性，在机缘巧合下，被一位艺术家定格在了最动人的年华。光阴荏苒，历经近一个甲子的时光，这幅母亲的肖像仍旧是父亲最钟爱的珍藏。

萧淑芳画

威雲先生
清賞
一九八二年
文玉
作人章

妻子
画中的她

庆庆妈并不神秘，只是她有她的天地。

因为喜欢，我从各种渠道见到过各类萧淑芳先生的作品。明艳的花卉，俊美的风景，淡雅的静物……虽然常会被先生的画作打动，但只有一件作品让我乃至家人都感到"大吃一惊"。

有次，朋友拿来了一幅先生的人物水彩作品，起初我并未特别留意，细细端详，这画的不就是庆庆妈吗！当我把这幅画作带回家时，庆庆妈也感到不可思议。画中民国风旗袍装扮的上海淑女安坐于一张精致的椅榻上，眉眼神态，竟都与庆庆妈相似，形似神更似。

要说中国历史上，艺术大家灿若辰星，为何
我会对吴作人、萧淑芳这对艺坛伉俪的作品
情有独钟？冥冥中或许自有道理。

1989 年，作者在芬兰赫尔辛基让 · 西贝柳斯雕塑前留影

1992 年盛夏，弟弟蔡君拜访吴作人先生

弟弟
懂我的那个他

我自觉与吴作人、萧淑芳二位先生神交已久，却一直遗憾没能得见真颜。没想到，弟弟却拥有与吴作人先生面对面交谈的机会……

家庭开启了我对美的感知，引领我走上了歌唱的艺术之路。出于同样的生活背景，我的弟弟则选择用画笔抒写他对美的理解。

歌声可以传递情感，绘画同样可以。

弟弟自幼学画，心思细腻的他经常用画笔记录下周围的生活。我至今都保存着的一块石头，很好地说明了弟弟的用心。

20世纪80年代，我第一次踏上了异国的土地。1989年，应芬兰国家电视台之邀，我奔赴芬兰拍摄独唱音乐电视节目《希望》，成为第一个走上芬兰荧屏的中国歌手。芬兰这个北欧国家给我的印象是非常美好的。也是那一次，我了解在芬兰的土地上，曾经诞生过一位享誉世界的音乐家——让·西贝柳斯。西贝柳斯创作的交响诗《芬兰颂》，不但成为他最著名的代表作品，而且也成为芬兰民族精神的象征。

人生中首次异国之旅让我"结识"了这样一位伟大的音乐家。于是，我就让当时正在习画的弟弟用画作来替我记录下这份珍贵的记忆。

出乎意料的是，他选择用一块石头来完成这次"命题创作"。他用油彩准确地绘出了西贝柳斯那种世界级音乐大师的风采。我非常喜欢他用石头替代纸张作为作品载体的这种心思，这很像是一种精神意向的表达，给了我首次走出国门看世界的经历一种特别的铭记。

这块石头我一直珍藏至今。

弟弟有着独特的绘画天赋，一直笔耕不辍地进行着绘画创作，实践着自己的艺术表达。他对绘画艺术的执着，还意外增进了我的"收藏天地"的丰富性，正是他带我走进了吴作人、萧淑芳二位先生的艺术世界，成就了我人生当中的第一张书画收藏。

由于父辈的渊源，我们与吴作人、萧淑芳伉俪的家庭是旧相识，虽然我对二位先生倾慕已久，但由于忙于歌唱事业，一直无缘得见。当时正就读于中央美术学院附中的弟弟，却拥有了不少与二位先生面对面交谈的机会。

1984年，我出了第一张个人专辑卡带，当时我就托萧家的后人为二位先生送上了我的卡带，后来每有作品问世，我都会第一时间请朋友送给二老品评指正。在弟弟的记忆中，或许也是出于我与两位老人的"神交"，当年弟弟第一次登门拜访吴作人、萧淑芳先生时，二老就格外亲切。

有时，弟弟会私下里跟我探讨两位先生的作品，他会更偏爱萧淑芳先生的作品，在弟弟看来，萧先生笔下的花草总带有一股令人动容的力量。甚至在他眼里，萧先生中国画的艺术成就要高于吴作人先生。

所谓各花入各眼，我与弟弟自然各有各的心头之好，不过，兄弟俩在日常点滴交流中，聊的尽是这些风雅之事，想来也是美在其中的乐事。

1992 年盛夏，弟弟蔡君拜访萧淑芳先生

蔡蜜娅、蔡阿威力合影

庆庆
"苏武牧羊" 是以传承 是以华夏

著名教育家蔡元培曾说："美育的目的在于陶冶人的感情，认识美丑、培养高尚的兴趣、积极进取的人生态度，实际上艺术并不只是艺术本身，而是整个人生观的培养与熏陶。"

美从不是一件具象的事，需要发现，需要捕捉。

美其实又是最实在的存在。就是身边的草木，一瓶一罐，一书一画，就是生活的点滴小事。

虽然我一直从事歌唱艺术这样的美事，却常常不自知。直到儿子蔡轩正（庆庆）的一张水墨画，才让我感受到艺术润物无声的力量。

庆庆的第一幅水墨作品是我给他的"命题作业"。受中央广播电视总台之邀，我跟庆庆再次登上了《经典永流传》的舞台，其中一首演唱曲目是一代诗豪李白的《苏武》。

苏武在匈奴，十年持汉节。
白雁上林飞，空传一书札。
牧羊边地苦，落日归心绝。
渴饮月窟冰，饥餐天上雪。
东还沙塞远，北怆河梁别。
泣把李陵衣，相看泪成血。

诗歌写苏武久陷匈奴而矢志忠于汉室的史实。虽为咏史却没有着墨于议论，诗文可谓含蕴深曲，词气悲慨。

当时我认为，对于一个10岁的孩子来讲，这种抒写家国大义的诗词，还是不容易深刻理解的。于是我想到了"以画释意"的办法，让庆庆按照自己的理解去绘出他心中的"苏武牧羊"图，而且我强调了材质，一定要用水墨画的形式。中国的故事一定要用中国画去讲述。

当庆庆从美术班里把这幅画拿回来的时候，我知道我低估了儿子的实力。经过与任课老师的沟通，我确认了整幅作品是庆庆独立完成的，或许做父母的人都能理解当时我的那种惊奇和欣喜。

庆庆的《苏武牧羊》图上，三只设色浓淡不一的小羊围绕在苏武身边，身居苦寒之地的苏武身披寒衣，手执汉节，节上的红缨、苏武的胡须、地上的野草，都因塞外凛冽的寒风而被吹向一边……画中用墨的浓淡，构图中的留白，人物眼神情态，这一切对我而言都是意外之喜。

苏武牧羊 庚子年 蔡轩正画

苏武牧羊
蔡轩正
庚子年

录制节目时，主持人撒贝宁再三向我确认这是否是庆庆的"原创"，因为他跟我一样无法想象孩子能够具有这样准确的表达。后来我与庆庆又带着这幅画登上了湖南卫视的《天天向上》，主持人汪涵甚至当场表示要"收藏"庆庆这幅作品，他说"自己这一生看过很多画，但这一幅绝对算是很厉害的"，作为一名父亲，虽然我知道庆庆稚嫩的笔墨是担不起这样的评价的，但我仍旧骄傲于孩子的用心和对文化的感知能力。在汪涵的追问下，庆庆还透露了他作画时的小心思：之所以画三只羊，取的是"三阳开泰"之意。

庆庆从小就热爱绘画，具备一定的绘画基础，但第一次用墨笔作画就给出了如此"惊艳"的成绩，还有借画寓意的心思，这些都是令我深感惊喜的。然而细细思量，从我的父辈起就对中国画情有独钟，而我的中国画收藏品，每天就陪伴在庆庆的生活之中，这样的生长环境势必让他对中国画天然地亲近，这就是中国文化润物无声的魅力所在。

"少年强则中国强"，我给庆庆布置中国画描绘苏武牧羊的这个作业，就是希望他能尽可能地理解这个流传许久的励志故事，一个人宁死不降，被迫沦为匈奴的奴隶在茫茫草原上放羊近二十年，一定是强大的意志力和家国情怀才能支撑他坚持下来。庆庆也用自己稚嫩的画笔给出了他对这份家国情怀的理解。

"实际上艺术并不只是艺术本身，而是整个人生观的培养与熏陶。"每当我与孩子共处时，蔡元培先生的话都会一直回荡在我的耳畔。今天很多家长都在关注美育，培养孩子对艺术的认知，我也不例外。蔡先生曾著书《以美育代宗教》，在我的理解中，能称之为艺术的一定是美的，而美是可以让人受用一生的一种态度。无论是欣赏还是自己创作，让孩子用心去感受中国的艺术，去理解背后广博的精神文脉，便是我们能做的最好的"富养"。

就像这幅《苏武牧羊》，是一次中国画的传承，也是一篇庆庆对华夏精神探知的"阅读理解"。

蔡轩正、蔡承勋合影

世上无难事

只要肯登攀

吴作人

一九七六年

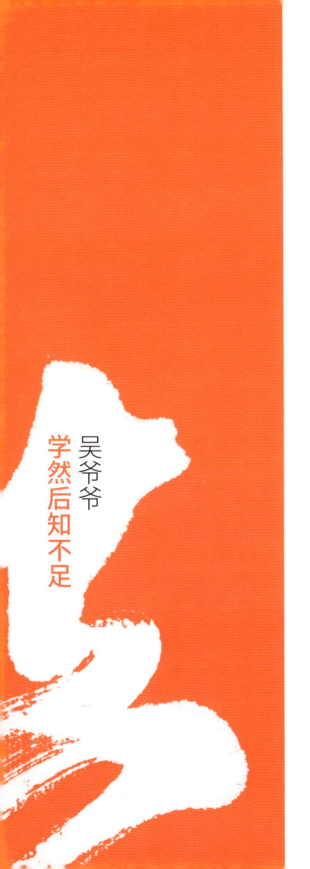

吴爷爷

学然后知不足

"学然后知不足，教然后知困。知不足，然后能自反也；知困，然后能自强也。故曰：教学相长也。"

——西汉 戴圣《礼记·学记》

萧淑芳和她的姐妹们从小接受的就是西方开化教育，被鼓励自由地发展兴趣与天赋，后来姐妹们都取得了非凡的成就。其姐萧淑娴就是音乐艺术大家，曾获得比利时皇家音乐学院金奖，是极负盛名的作曲家、音乐理论家，也是一名优秀的音乐教育家。

在萧淑娴先生位于中央音乐学院的教室里，挂着一张妹夫吴作人题写的字"学然后知不足"。按照上面的落款时间，这幅字已历经

萧家三代同堂

了一个甲子的岁月。可以想象，这间教室的学生们正在聆听着萧淑娴先生的教诲，不经意间看到吴作人先生"知不足"的提点，这是怎样的一种治学氛围。

机遇巧合，萧淑娴先生后将此字转赠与我。为了勉励喜爱传统文化的庆庆，我又将这幅字挂在了庆庆的房间。读书时，庆庆偶然抬头望见这幅"学然后知不足"，便会喃喃自语，"这是吴爷爷在提醒我要好好学习呢！"

学然后知不足
吴作人
辛丑年

學然後知不足

辛丑 作人

这是吴作人来到萧淑娴家中为她八十岁祝寿的留影。墙上挂着的油画是吴作人先生为二姐萧淑娴五十岁大寿时送的生日礼物。此幅油画作品是吴作人先生画的最好的一幅静物作品。现存放在苏州吴作人美术馆展出。

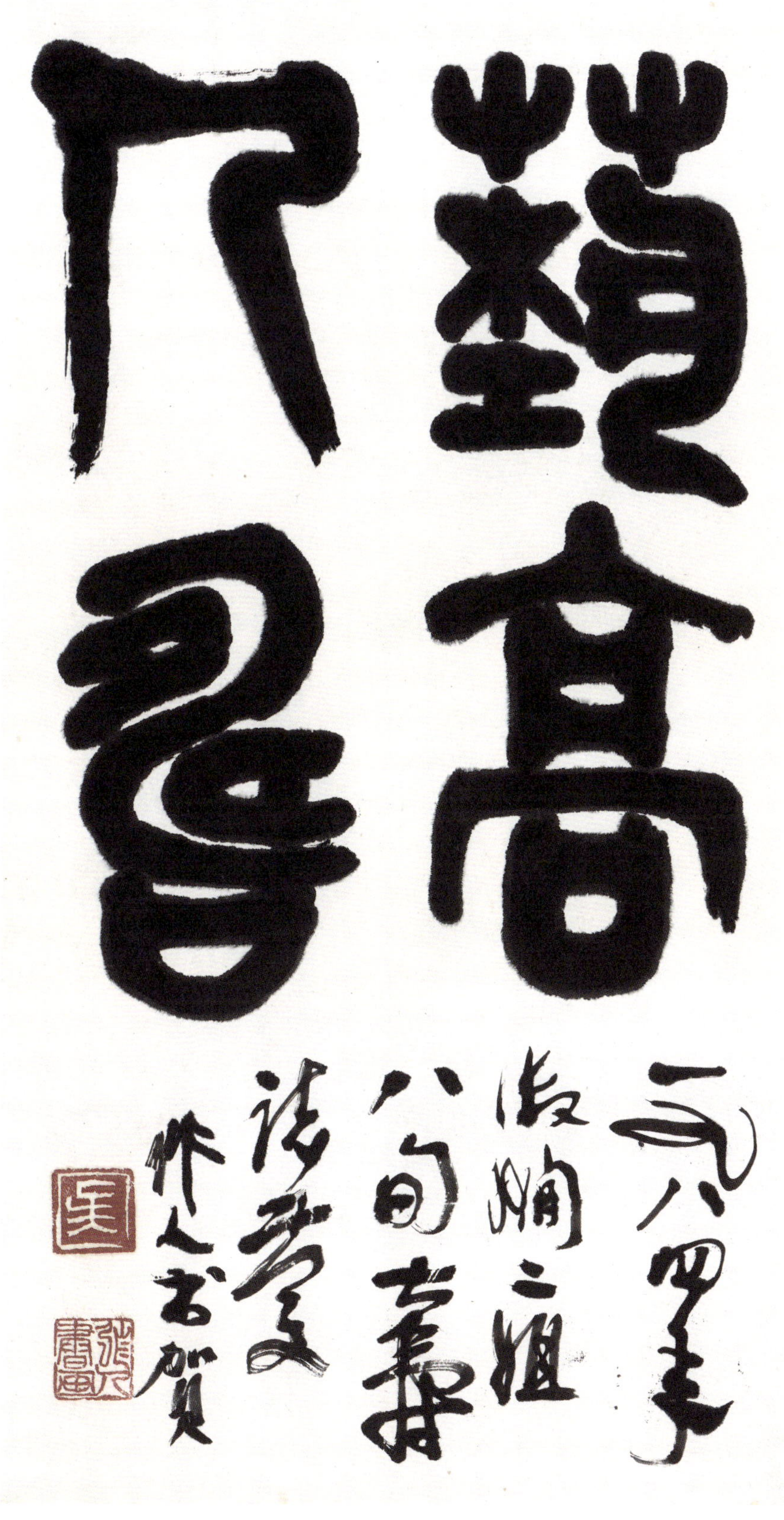

高人寿

作人

九八四年

淑嫻夫人清玩九十一

歲白石

我的小天使
萧奶奶

香山公园
萧淑芳 '79.5.20.
萧淑芳

"艺术是情趣的活动，艺术的生活也就是情趣丰富的生活。"这是美学大家朱光潜先生《谈美》中的一段文字。美是潜移默化于生活的。我一直希望孩子们的每一个成长，都有艺术相伴。

萧淑芳先生被誉为"花神"。她笔下的花卉，缤纷烂漫，格调秀雅，是传统画法中少见的雅俗共赏之作。其实，萧先生自幼便已展露出过人的天赋，"画什么像什么"，后经徐悲鸿等大师教导，不仅精于花卉，风景、静物、肖像等绘画均入化境。

很少有人知道，她的笔下还曾描绘出两个活灵活现的小天使。如今，这两个小家伙就"陪"在我两个可爱的儿子身边。

早在父亲这个角色之前，我就"遇见"了萧淑芳先生笔下的两位小天使——两个俊美的小婴儿，一个抿嘴熟睡憨态可爱，一个翻着长睫毛闭目安眠——我一下子就被这两张水彩作品吸引了。

经专业人士指点，我了解到这两张作品是萧先生的早期作品。当时萧先生正在瑞士学习，筹备个人画展，画中的小婴儿安静、可人，流淌着生命的美好和希望。我当即便收藏了这两幅作品。

冥冥之中好似是神交已久的萧先生又一次送来的礼物，预示着我的人生会有两个儿子来到我的生命之中。

画作分别挂在两个孩子的房间里，有时，小儿子会懵懵懂懂地告诉别人"这是萧奶奶画的我"，我也不打破他的这份可爱的"妄想"，毕竟小家伙能与"萧奶奶"如此亲近，也是他的幸运。

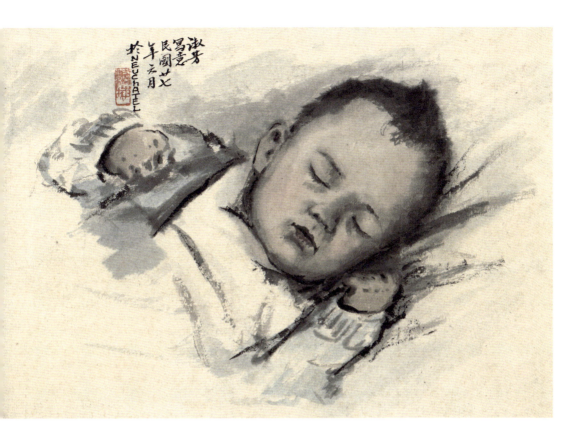

淑芳寫意
民國廿七
年六月
於NEUCHATEL

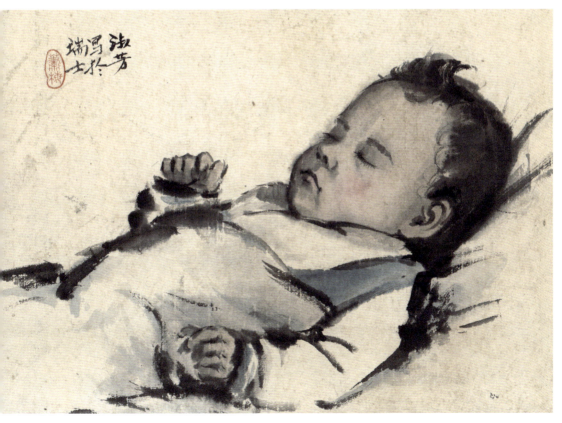

淑芳寫
瑞士於

此生匆匆仅一事，
　寻得大美藏衣袖，
　　分发四周。

——

余秋雨

大兴安岭山花 萧淑芳写

山花烂漫

萧淑芳

一九七四年

蒲虹

萧淑芳

似雨飞花

萧淑芳

江南佳果

似雨飞花

萧淑芳

一九八二年

藕花阴

吴作人　萧淑
一九六二年

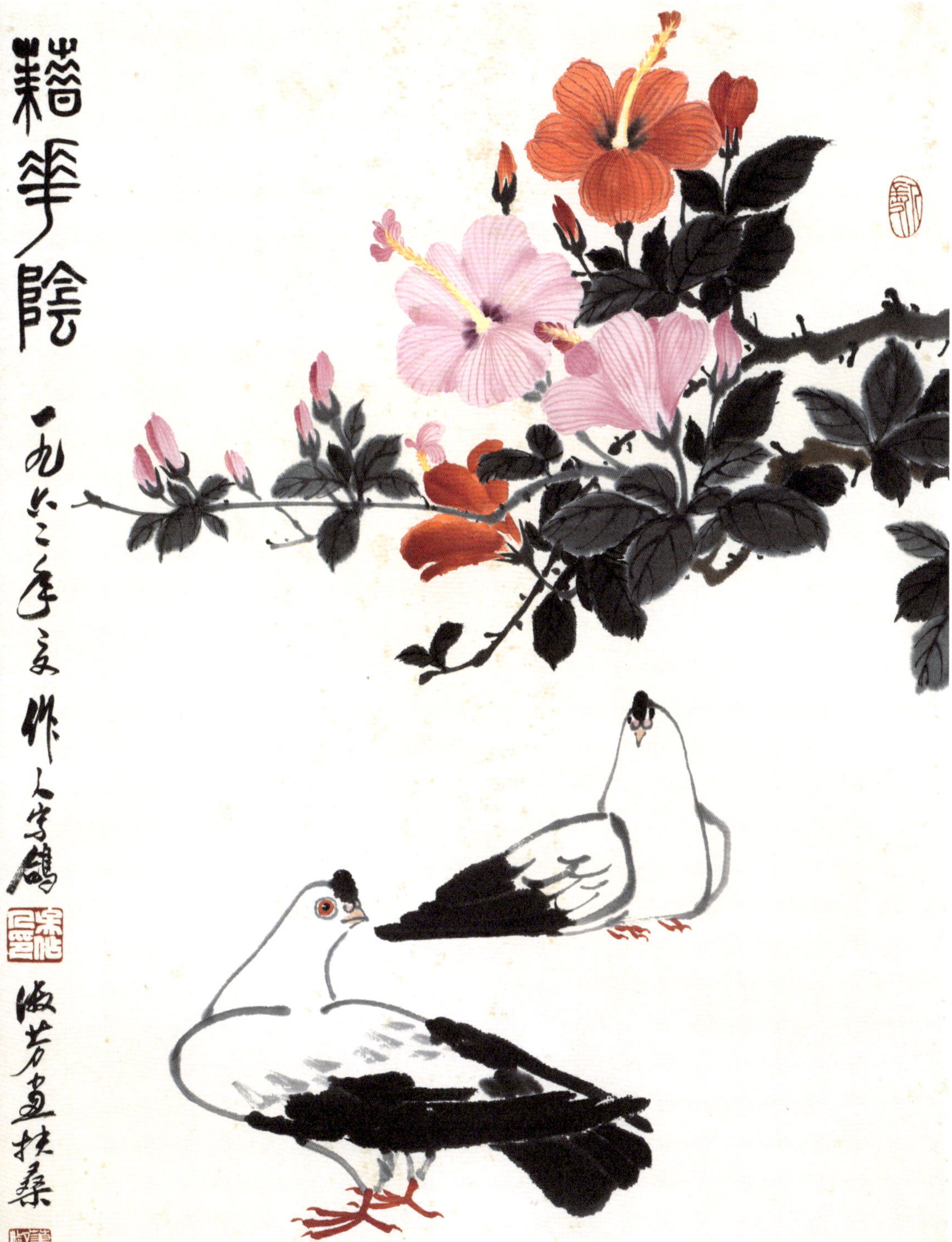
淑芳画扶桑

滚雪球
萧淑芳
一九五四年

岁岁与君同春风。

1962

瑞霞李鳴以点嘯室一九七九年萧淑芳

这张油画是吴作人先生1974年为他写传记的萧曼女士画的
人物肖像画。也是吴先生的最后一张人物油画作品！

丰子恺先生在《谈自己的画》中曾说，"只有孩子们保住天真，独具慧眼，其言行多足供我欣赏者。"审美就是需要独具慧眼，而所谓"慧"者，在我看来，就是保持对美最原始的敏感，不为年代、表现形式等外在所累，关注的始终是美本身。因此，在我的收藏中，有超逸清雅的传统水墨，便同样也不乏鲜明超前的当代艺术。厚古不薄今，仅以美论英雄。

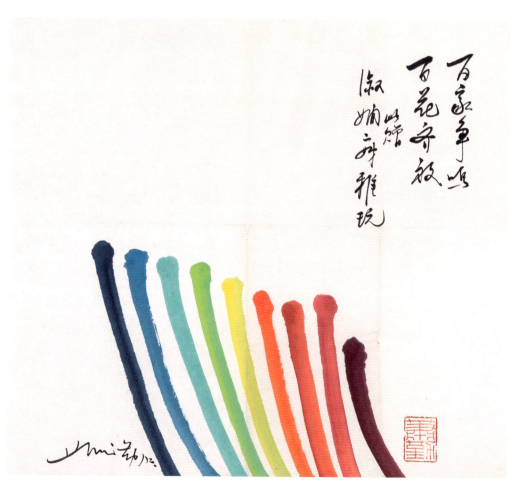

萧勤作品

萧勤，中国现代音乐之父萧友梅之子。他作为20世纪50年代推动中国现当代艺术的先锋人物，在欧洲着力推动中、西方当代艺术交流；他的作品源自道家及禅宗的哲学思想，在抽象绘画领域创造鲜明性格并获得西方肯定，是发起欧洲现代艺术运动的杰出艺术家。

寻欢者

黄宇兴

欢愉的时光

奇蒂 · 纳罗德

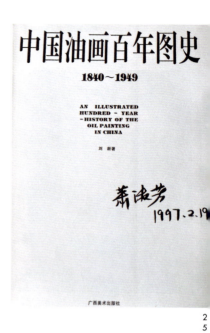

中国油画百年图史

1840～1949

AN ILLUSTRATED
HUNDRED - YEAR
-HISTORY OF THE
OIL PAINTING
IN CHINA

刘 新 著

萧淑芳
1997.2.19

广西美术出版社

Wu Zuoren and Xiao Shufang

Selected Paintings
December 2 through 15, 1983

Funds for this exhibition catalogue have been provided by the University Associates of the University of Missouri-Kansas City,
and the United Board for Christian Higher Education in Asia

目 录

萧淑芳
2002.5.16

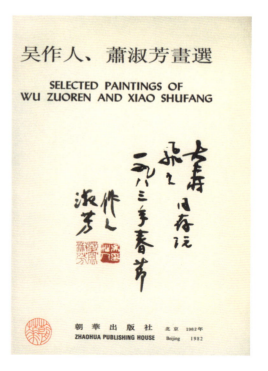

吴作人、萧淑芳畫選

SELECTED PAINTINGS OF
WU ZUOREN AND XIAO SHUFANG

朝 華 出 版 社 北京 1982年
ZHAOHUA PUBLISHING HOUSE Beijing 1982

IN AID OF THE INTERNATIONAL PEACE HOSPITAL IN CHINA

EXHIBITION OF CHINESE DRAWINGS
In the traditional style by a young Lady of Genius from Peiping (Peking)

Madame SHUFANG YUI

Mr. Leigh Ashton of the Victoria and Albert Museum says:
"I liked very much her small ink sketches in the free traditional style and I admired how, in the drawings of children, she had combined this style with western methods of shading."

BEAUX ARTS GALLERY
BRUTON PLACE, BRUTON STREET, LONDON, W.I

March 21st to April 5th   10 a.m. to 6 p.m.   Saturdays 10 a.m. to 1 p.m.

Under the patronage of
H. E. THE CHINESE AMBASSADOR
VISCOUNT CECIL OF CHELWOOD   GEORGE EUMORFOPOULOS, Esq.
THE EARL OF LISTOWEL   SIR HUGH WALPOLE, etc.

By visiting this remarkable Exhibition you will help to relieve Chinese suffering.

Admission 1/-

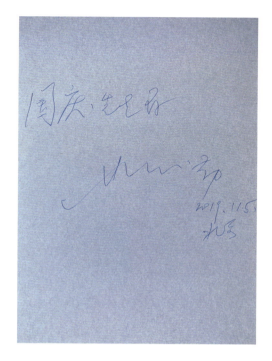

H73cm × W114cm 1958

可愛小方方
新年愉快
玉娥婆
蕭淑芳
2002

國慶先生存
蕭淑芳
2019.11.5
北京

大壽
飛飛
墉存之
氣八七年秋
作人
淑芳

打印機代替書寫。後工業時代的紙、筆、墨，再不能適合水墨畫的創作，而作畫
是專門的材料與工具，專業化的畫家，大都不是文人。他們作品的出路，往往
畫廊、拍賣行的商業運作，非受藏家的偏愛、媒體的推介、畫評家的月旦、美術
品味等決定。
國畫家，在選擇水墨作畫時，許多都會關切水墨畫的時代性問題，水墨畫的
的，但筆墨之運用，主題的造形，是否早已走入僵化的公式，限制了畫家的創
輳訂下的六法，是否還適合今日的藝術評準？不少畫家尋求突破，開拓新徑，
的個人風格，主題方面，或以俗代雅，或以現代事物入畫；造形方面，或極端
或走向抽象；技法方面，或廣泛實驗，或兼用多種媒材，達致特殊視覺效果；
鳥透視，或作非理性編排。
挑戰，近百年來，中國畫家已將水墨畫帶入一新階段，形成二十世紀中國繪
代不同，亦獨立於西方潮流之外，此特有風貌，凝聚之下，多差紛繁，但確切
華齋主人吳繼遠先生，曾辦水墨畫專題展覽多次，每次都從一創新的角
中國水墨畫的發展。本次展覽，精選不同輩份、不同地區、不同風格的水墨名
地展出，有意探討水墨畫之未來指向。在距離世紀之交只有數載之際，此展
對觀者深思。

藝苑集錦
蕭淑芳
乙酉年春節

12

Cover inscription by Wu Zuoren

Published with the Patron of Richard Liu

Executive editor: Liao Ping
Translator: Ouyang Caiwei
Book design: Li Shiji
Photographers: Sun Shuming
　　　　　　　 Wang Chunshu
　　　　　　　 Han Dezhou

特别感谢

余秋雨　马　兰　李来柱　范迪安　靳尚谊　吴文山
张宗宪　霍大寿　江俐奇　郑思禔　万　捷　陈　思

感谢挚爱亲人

蔡仲秋　马恩荣　蔡　军　蔡轩正　蔡承励　蔡蜜娅
蔡阿威力　秦　娟　蔡拉娜　周克兵

真诚致谢（按照姓氏笔画排序）

于　歌　马　寅　马翠娥　王　薇　王大为　王玉芬
王玉忠　王　伟　王庆君　王　英　王慧芸　史学东
白　雪　成中和　乔　治　刘　芳　刘　威　刘小川
江明洋　孙冉冉　买欣全　李　茹　杨　帆　杨　燕
杨京岛　杨鹏飞　吴　梅　邹玉利　汪　涵　宋淑芬
张爱群　张盛熙　陈俊华　林　松　金克林　赵　伟
姜　智　姚　强　郭　雪　章　梅　阎维文　梁　缨
董文华　覃江巍　曾志芬　谢　莹　雷　鸣　雷　佳
裴　兰　薛世清　濮丽丽　瞿中华

特别鸣谢

中宣部文化名家暨"四个一批"人才资助项目
原中国人民解放军总政治部歌舞团